Geoffrand Sire de pons 1173

Renaud 1 Sire de pons 1215

Renaud 2 Sire de pons 1254
agathe d'angoulisme

Renaud 3 Sire de pons 1263
marguerite de peragorc

Helie Rudel dit Geoffroy
Sire de pons fils de ieanne
de pons marié a archam
baud 3 comte de perigort
mort sans lignee 1317

Geoffroy premier
Sire de pons.

Renaud 4 Sire de
pons 1305 ilisabeth
de lisine

Helie Rudel Sire de pons
mort sans lignee

Geoffroy 2 Sire de pons
isabeau de rhodes

Renaud 5 du nom Sire de pons
marguerite de perigord

Renaud 6 du nom Sire de pons
marguerite de la trimouille

Jacques Sire de pons
isabeau de foix

Guy Sire de pons 1510
ieanne de chasteauneuf

Françoise de pons mort avant son pere
marguerite de coitivy

Françoise Sire de pons
catherine de Cluivieux

Jacques de pons vb. de
mileambeau Jacquette
de lanfac pere de 2 garcons

Anthoine Sire de pons
marié de montlehin

anthoinette d'anne
de pons marié
au Sitire de mi-
ossine

anthoinette
de pons marié
en noppereau
comte de la
rocheguyon
en 2 au Sitig.
de Liencourt

Françoise de pons vb.
de mileambeau fran
coise de dampierre
1 femme magde
laine du fou 2 femme

Jacques de pons 2.
vb. de mileambeau
du 1 fiet ... de
pons du 2 fiet marié
au Sitig. du nigran

Jean Jacques de pons
vb. de mileambeau
charlotte de parthnay

pons de pons Stig
de la rase
francoise de marsan

Jacques de pons
Stig. de la case
de force iudith de
montbibon

Jean Jacques de
pons marquis
de la case lis de
force charlotte
de parthnay

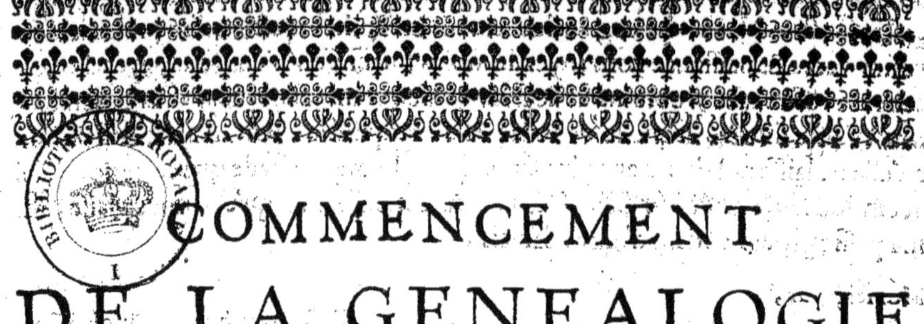

COMMENCEMENT
DE LA GENEALOGIE
de Monſieur de la Caze.

ONSEIGNEVR,

Ie croy vous faire peu ou point de ſeruice dans le deſſein que ie prens de faire voir au public voſtre Genealogie : mais puis que c'eſt la mode, vous aurez pour agreable que i'en paſſe mon enuie, afin que par ſon éclat i'arreſte le cours de ſes vaines fantaiſies, par la diſproportion qu'on y remarquera en la pluſpart, ſi grande qu'elles ne ſeruiront que de luſtre & de relief à la voſtre ; les intelligens le ſçauent aſſez, mais les ignorans eſtans en plus grand nombre, s'éclairciront de ce qu'ils peuuent douter de la grandeur & antiquité de voſtre tres Illuſtre Maiſon. Que ſi vous n'eſtes promeu aux plus belles charges & dignitez, il ne tient non plus à voſtre naiſſance, qu'à voſtre probité & generoſité ; excellentes qualitez bien rares en ce temps, mais comme communes & hereditaires en voſtre Maiſon : Ce qui vous doit conſoler eſt, que d'ordinaire les plus belles choſes ont le deſtin moins fauorable. Or, MONSEIGNEVR, ie me ſuis propoſé en cette relation de faire au contraire des autres, qui commencent le plus ſouuent par vn feſtu, & finiſſent par vne montagne ; & qui d'vn petit Gentilhomme principe d'vne famille enſeuelie dans les tenebres ſi obſcures, qu'à peine y peut on voir vne trace de Nobleſſe, acheuent par des Ducs ou Officiers de la Couronne, ou cherchans des origines fort releuées & la pluſpart chymeriques, & bien ſouuent hors de France, ſautent d'vne diſpoſition inouïe des ſiecles tous entiers ; ou encores, comme dit du Tillet, quelques vns qui rencontrans plus de Nobleſſe du coſté feminin que maſculin, renoncent effrontement aux armes & noms de leurs peres & ayeuls, d'autres changent des lettres de leurs noms, quelques vns qui ayans le bras foible, oſtent les bandes & barres de leurs eſcus pour les porter plus facilement. Vous eſtes, MONSEIGNEVR, hors d'aprehen-

A

fion que les plus Critiques trouuent rien de toutes ces chofes à redire ny glofer en voftre illuftre Nom. Le regret de vos amis & feruiteurs eft, qu'au préiudice de voftre vertu & naiffance vous foyez le moins fortuné en biens & charges de tous ceux de voftre race, comme ie le feray voir en commençant par vous & remontant à voftre fource, laquelle dans vne telle antiquité fe trouue fi nette & fi claire, qu'elle ne laiffe nul doute aux plus fcrupuleux. Ie me perfuade que cette nouuelle inuention fera approuuée de la plufpart: mais mon but eft qu'elle vous plaife, & ma paffion toute entiere d'eftre à iamais,

Monfeigneur,

Voftre tres-humble & obeïffant
feruiteur,

Réponfe de Monfieur de la Caze à la lettre cy deffus.

MOnfieur, Ie confeffe qu'en vous accordant voftre demande ie violente mon humeur pour des raifons fort confiderables que ie vous ay dites. Premierement, mon grand Pere eftant forty Cadet de la maifon de Pons, quoy que i'en fois maintenant le chef des armes, i'en ay peu de titres & documens, ceux qui poffedent les terres les ayant par deuers eux: Et qu'il eft quafi inutile maintenant en France d'eftre de bonne maifon; mais i'ofe dire preiudiciable, puis qu'on prend à tafche de les opprimer, & au contraire éleuer tant qu'on peut les gens de peu de vertu & de petite naiffance; A la premiere occafion ie vous écriray fur ce fujet plus amplement, cependant ie vous affeureray que ie fuis toujours du bon du cœur,

Monfieur,

Voftre tres-affectionné à vous
faire feruice.

Iean Iacques de Pons, Marquis de la Caze, Comte de Roquefort, & de Sainct Go en partie auec le Roy, Baron de Thors & autres places, Confeiller és Confeils d'Eftat de fa Majefté, Capitaine de cinquante hommes d'armes de fes Ordonnances, & l'a efté d'vne Compagnie de chevaux legers, & Meftre de Camp d'vn Regiment de dix Compagnies d'Infanterie.

L'an 1643. la Nobleffe de Saintonge s'affembla à deux diuerfes fois au mois d'Octobre à Saint Iean d'Angely, iufques au nombre de fix à fept vingts Gentilshommes, & quelques iours apres à Saintes iufques au nombre de trois cens Gentils-hommes, pour deputer en Cour quelques-vns de leur Corps vers leurs Majeftés, pour leur faire tres-humbles remonftrances touchant l'impoft d'vn écu par thonneau de vin, qui s'impofant ruinoit entierement la Nobleffe, aufquelles Affemblées ledit Seigneur de la Caze fut vnanimément éleu Prefident; auffi eft-il à prefent Chef du Nom & des Armes de la Maifon de Pons, où le Sire chef d'icel-

le a eu de tout temps cette prerogatiue en ces Prouinces, à l'exclufion des autres
Seigneurs, comme auffi en fon abfence fes Cadets l'ont euë. Que fi ladite Affemblée & Deputation n'ont rapporté à la Prouince & à ladite Nobleffe le fruit qu'ils
attendoient, cela dependant entierement de leurs Majeftez. Il faut fubir à la volonté du Souuerain; au moins ont ils fait voir la fincerité de leurs intentions, no-
nobftant les calomnies dont on les a voulu noircir à la Cour, & fatisfait leurfdites
Majeftez de leur procedé, & auffi les abfens de ladite Nobleffe qui ne fe font peu
trouuer aufdites Affemblées l'ont la plufpart approuuée, & entre les plus qualifiez, feu Mr. le Marquis d'Effideuil le reconneut par la lettre qu'il en écrit audit
Seigneur de la Caze, dont la teneur s'enfuit.

MOnfieur,
    I'ay appris vos bonnes intentions, pour le bien public, ie prie Dieu que
vos bon defirs fuccedent, de moy ie feray toufiours preft, quand il fera queftion,
de vous rendre mes feruices, puis qu'en quelque occafion que ce foit, ie vous témoigneray que ie fuis,

    Monfieur,

Voftre tres humble & tres-affectionné
feruiteur, ESSIDEVIL.

Lettre de Monfieur le Comte de Grandmont à Monfieur de la Caze.

MOnfieur,
    Ie receuray toujours à grand contentement les occafions qui s'offriront
à vous rendre feruice. Et pour ce qui regarde les terres que vous auez en cette
Prouince, ie prendray vn foin tres-particulier de les conferuer, & vous affeurez
ce pendant de mon feruice, étant de toute mon affection,

    Monfieur,

<table>
<tr><td>A Bayonne, ce 20. Fevrier 1639.</td><td align="right">Voftre tres-humble feruiteur,
GRANDMONT.</td></tr>
</table>

Lettre de feu Monfieur le Marquis de Tres-Chafteau, à Monfieur de la Caze.

MOnfieur,
    Le fieur de Grifi vous témoignera que fi ie n'ay les puiffances de vous fer-
uir felon mes fouhaits, pour le moins la volonté m'en eft tres-paffionnée, & ie
vous refpons pour luy qu'il n'a rien oublié de tous fes foins pour le fuccez de vô-
tre contentement. Il vous dira comme vous eftes defiré icy de tous, mais de
moy particulierement qui ay plus d'intereft que perfonne à l'honneur de vous
voir. Ie vous conuie hafter voftre retour, & voudrois payer de mon fang que
fuffiez à cette heure icy, où Monfeigneur a bien befoin de perfonnes de voftre

A ij

qualité & merite ; Vous estes asseuré que tant que i'y seray, & quelque part que ie sois, vous y aurez,

Monsieur,

D'Orleans ce 9. Avril

Vn seruiteur tres-humble,
CHASTELLET TRESCHASTEAV.

Lettre de feu Monsieur de Lignieres Nangis, à Monsieur de la Caze.

Monsieur,
    Vous deuez croire que toutes les occasions qui se presenteront pour vous seruir, ie n'en perdray vne seule. De vous mander des nouuelles il seroit inutile ; car vous auez vn Gentil-homme icy qui prend vn soin particulier d'en apprendre pour vous le mander ; Ie vous supplieray seulement de vous asseurer que si i'auois l'honneur d'estre vostre Cadet, ie ne vous témoignerois point auec plus de passion que ie suis,

Monsieur,

Ce 4. Decembre 1630.

Vostre tres-humble & tres-fidel seruiteur
LIGNIERES.

Autre lettre dudit Sieur de Lignieres, à Monsieur de la Caze.

Monsieur,
    Ie croy qu'il sera tres à propos que veniez vous resioüir auec Monseigneur, de l'ample commission que le Roy luy a enuoyé pour commander les Armées, & puis ie vous asseure qu'il vous veut employer ayant oüy le commandement qu'il a fait au Gentil-homme qu'auez laissé icy de vous faire venir, & qu'il se vouloit seruir de vous, il me fait esperer de faire reuenir ma Compagnie en Champagne, c'est ce que ie souhaite auec passion pour estre auprés de luy , & pour vous obeyr en ce lieu là , & tout autre voulant vous témoigner que ie suis,

Monsieur,

Ce 19. May 1630.

Vostre tres-humble seruiteur,
LIGNIERES.

CE Gentil-homme de Monsieur de la Caze luy fut donc renuoyé afin qu'incontinent il allast trouuer son Altesse Royale auec asseurance d'vne des principalles charges de l'Armée, ce qu'ayant promptement executé en poste : Monsieur de la Caze trouua au Bourg la Reine le Sieur Marquis de Tres-Chasteau qui s'en alloit à Danpierre voir Monsieur & Madame de Cheureuse, qui luy dit d'abort ces mots (outré de douleur & de ressentiment côme il estoit genereux) pleust à Dieu fussiez vous chez vous, ie connois vostre humeur , & la passion que vous auez

auez pour noftre Maiftre, vous enragerez quand vous fçaurez le trait qu'on luy a encore fait; car cette ample commiffion eft de ne partir de Paris, fe font des bons offices & faueurs accoutumées de Monfieur d'vn tel lieu, & adioufta, pour moy i'en fuis au defefpoir & m'en vay au champs éuaporer la bile, Dieu vous vueille confoler fi vous paffez outre. Ce que ledit Seigneur de la Caze fit eftant fi pres de Paris, & fut quinze iours ou trois femaines pres de fadite Alteffe, lequel il trouua n'auoir d'autre employ que celuy de Prefider au Confeil des parties, & exercer la charge de Monfieur de Monbafon, ainfi il eut l'aller pour le venir, la fatigue & depenfe de deux cens lieuës en pofte; maigre paffe temps à vn homme de fon âge & de fa condition. Mais qui pis eft pour luy, la recompenfe en a efté de mefme, & de toutes fes peines, depenfes & feruices.

Le témoignage de deux fi gentils Caualliers, & de fi bonne condition que de Meffieurs de Tres-Chfteau, & de Lignieres; dont les vertus & valleur ne fe peuuent affez prifer font bien confiderables & puiffans (fi Monfieur de la Caze en auoit befoin) s'ils viuoient, quel feroit leur étonnement de voir le traitement qu'il reçoit, & de tout ce qui fe paffe.

❋❋❋❋❋❋❋❋❋❋❋❋❋❋❋❋❋❋❋❋❋❋❋❋❋❋❋❋❋

En Septembre 1629. Monfieur le Duc d'Orleans fit expedier à Monfieur de la Caze le Breuet qui fuit.

AViourd'huy dernier de Septembre mil fix cens vingt-neuf, Monfeigneur Fils de France, Frere vnique du Roy, Duc d'Orleans & de Chartres, Comte de Blois, eftant à S. Difier, defirant faire paroiftre au fieur Marquis de la Caze l'eftime particulier qu'il fait des recommandables qualités qui font en fa perfonne, & la fatisfaction qu'il a du zele & de l'affection qu'il a témoigné d'auoir à fon feruice. SON ALTESSE luy a donné & accordé la fomme de fix mil liures de penfion par chacun an, à prendre fur les deniers tant ordinaires qu'extraordinaire de fes finances. VEVT & entend qu'il foit couché & employé fur l'eftat de fes penfionnaires lors qu'il en fera dreffer : Et que cependant il foit payé de ladite fomme par les Treforiers generaux de fa maifon chacun en l'année de fon exercice, à commencer au premier iour de Ianuier prochain, fuiuant les ordonnances qui leur en feront deliurées à cét effet en vertu du prefent Breuet, que fadite Alteffe en témoignage de cette fienne volonté m'a commandé d'expedier audit Sieur Marquis de la Caze, qu'il a voulu figner de fa main, & contre figner de moy fon Confeiller & Secretaire de fes commandemens, Maifon, & Finances. GASTON: Et plus bas, Monfigot.

⬡⬡⬡⬡⬡⬡⬡⬡⬡⬡⬡⬡⬡⬡⬡⬡⬡⬡⬡⬡⬡⬡⬡⬡⬡⬡⬡⬡

Lettre de Madame la Marquife de Guiercheuille, Dame d'honneur de la Reyne Mere, vefue du tres grand Henry, à Monfieur de la Caze.

MOnfieur mon Coufin,   puis qu'il vous plaift prendre le foin de fçauoir de mes nouuelles, ie vous affeureray que ie fuis en bonne fanté,

B

& autant affectionnée à vous rendre du seruice que ie fus iamais, vous honorant & cherissant comme vostre bon naturel m'y a toujours obligée : Nous attendons impatiamment la reddition de la Rochelle, vostre cousin de Liencourt y estant auec le Roy ; Cela me donne vn peu de crainte y ayant perdu son frere, & n'ayant plus que luy : Mais i'espere que Dieu le conseruera. Ie le recommande à vos bonnes prieres, si elles sont telles que ie les desire pour moy, qui suis,

Monsieur,

Il est à noter que ladite Dame estoit grand Catholique, & Monsieur de la Caze de la pretenduë.
Sans datte.

Vostre plus humble Cousine à vous faire seruice,
A. DE PONS.

Autre Lettre de ladite Dame.

MOnsieur mon Cousin, Ie confesse que vostre bon naturel n'a iamais manqué de paroistre en toutes les occasions qui se sont presentées enuers moy : mais principalement en cette derniere, la perte que i'ay faite de mon fils le Duc de la Rocheguyon m'ayant si viuement representé le déplaisir que vous en supportez, que ie vous en auray à iamais vne obligation infinie pour rechercher par mes seruices le moyen de m'en degager, & pour vous honorer par dessus tous ceux à qui i'ay l'honneur d'estre si proche, comme ie suis à vous que ie supplie de m'aymer & me conseruer vostre bienveillance, comme estant,

Monsieur mon Cousin,

Sans datte.

Vostre plus humble & affectionnée Cousine à vous faire seruice, A. DE PONS.

Lettre de Monsieur de Schomberg, à Monsieur de la Caze.

MOnsieur, I'estime à beaucoup de bon-heur d'auoir en l'estenduë de ma charge des personnes de vostre qualité & merite, mon principal soin sera à les obliger à m'aymer en les seruant, dequoy s'il vous plaist tirer preuue en me departant vos commandemens, vous connoistrés que i'employeray plus volontiers qu'homme de France tout ce qui dependra de mon pouuoir prés du Roy & ailleurs, pour témoigner que ie suis plus d'effet que de parole,

Monsieur,

De Nantes ce 27. Aoust 1626.

Vostre bien-humble & tres affectionné seruiteur, SCHOMBERG.

Responce à la lettre de Monsieur de Schomberg.

MOnsieur, I'ay receu beaucoup de contentement d'auoir appris par la lettre qu'il vous a pleu m'écrire comme vous

estes pourueu à la charge du Gouuernement de cette Prouince, & vous ay grande obligation des offres que vous me faites, ie tiendray à bon-heur de m'en reuancher par mes fidelles seruices, que ie vous rendray toujours auec beaucoup
d'affection, tant pour le seruice du Roy, que pour vostre particulier, esperant que
ie seray consideré de vous ainsi que ma naissance le merite, & selon le rang que
ceux de ma maison ont tenu, non seulement en cette Prouince, mais dans le
Royaume. Ie croy auoir bien tost l'honneur de vous voir, cependant ie vous asseureray que ie suis,

Monsieur,

A Tors, ce 27. Aoust 1626.

Vostre bien humble & tres-affectionné
seruiteur, YY. DE PONS.

Lette de Monsieur d'Herbaut, à Monsieur de la Caze.

MOnsieur, l'ay fait voir au Roy
la lettre qu'il vous a pleu m'écrire, & vous diray que sa Maiesté a eu vn
singulier plaisir d'entendre le desir que vous aués de luy continuer les effets qu'elle se promet bien de vostre zele à son seruice, & ma commandé de vous asseurer
que comme elle a vostre merite en bonne consideration, elle se souuiendra aussi
de vous quand il s'offrira occasion pour vous departir les effets de sa bienveillance, & vous faire connoistre l'estime qu'elle fait de vostre generosité, iusques icy
la retention de Monsieur le Mareschal Dornane n'a point eu d'autre suitte, on ne
croit pas non plus qu'il en arriue aucune de celle de Messieurs le Duc de Vendos-
me & Grand Prieur son Frere, qui puisse troubler le repos qui se va affermissant
dans le Royaume, & ainsi il y a apparence de iouïr desormais d'vne paisible tranquillité, pour mon particulier ie vous supplie de croire que ie ne manqueray de
faire valoir pres sa Majesté l'affection que vous auez pour son seruice, & vous
rendray pres d'elle en temps & lieu les offices que vous pouuez attendre de moy
qui suis,

Monsieur,

A Blois ce 22. Iuin 1626.

Vostre tres-humble seruiteur,
PHELIPEAVX.

En Ianuier 1625. le feu Roy écriuit à Monsieur de la Caze, la lettre dont la teneur sensuit.

MOnsieur le Marquis de la Caze, Sçachant le zele & deuotion que vous auez
toujours fait paroistre au bien de mon seruice; Ie n'ay pas voulu que le
Sieur Comte de Parabere, qui s'en va presentement par de là, pour prendre pos-
session de la Charge de mon Lieutenant general en mes Prouinces de Xaintonge
& Angoumois, dont ie l'ay pourueu, tant par la demission, que par le decés du
feu Sieur Dambleuille, soit party sans vous faire cette-cy, qui ne sera à autre effet,

B ij

que pour vous dire que vous ayés à le reconnoiftre en l'abfence du Goüuerneur, pour mon Lieutenant general dans la Prouince, en ce qui depend de l'autorité de ladite charge, & luy departir aux occafions qui s'offriront pour le bien de mon feruice, toute l'affiftance qui dependra de vous, dequoy prenant foin de vous ac-quiter ainfi que ie defire, vous me ferés feruice tres agreable, duquel ie conferue-ray la memoire, pour vous en reconnoiftre felon l'eftime que ie fais de voftre me-rite : Sur ce ie prie Dieu, Monfieur le Marquis de la Caze, vous auoir en fa fainte garde. Efcrite à Paris, le 6. iour de Ianuier 1625. Signé, LOVIS. Et plus bas ; PHELIPPEAVX.

Cette lettre témoigne & l'eftime & la confideration en laquelle Monfieur de la Caze eft, foit pour rendre feruice à fa Majefté, foit pour n'eftre pas de condition à obeyr fans fon ordre à laquelle ledit Seigneur fit cette refponce.

SIRE,

l'ay receu auec le refpe{ que ie dois, la lettre qu'il a pleu à voftre Majefté me faire l'honneur de m'écrite du fixiéme du courant, ie ne manqueray d'obeyr à fes commandemens, puis que ie ne puis receuoir vne plus grande gloire : Et qu'auffi ayant toujours vefcu Monfieur le Comte de Parabere & moy comme bons amis, il me fera fort facile de feruir auec luy voftre Majefté ; mais ie la fupplie tres-hum-ble m ent de fe vouloir fouuenir que ie luy ay déja dit & écrit, que mes predecef-feurs auoient plutoft accoutumé de commander que d'obeyr, & de me faire l'honneur de me croire.

Lettre de Monfieur le Marefchal de Themines, à Monfieur de la Caze.

Monfieur, Ie ne doute point de l'affe{ion que vous aués au feruice du Roy, & vous prie de tout mon cœur la vouloir continuer, & ce la eftant comme ie m'en affure, ie reieteray toujours toutes fortes d'impoftures. Car ie vous ay honnoré toute ma vie & vous le témoigneray ayant fait bailler le paffe-port que vous me demandés, comme defireux de vous plaire & feruir, eftant,

Monfieur,

Voftre bien-humble feruiteur,
THEMINES.

A Moyfac, ce 25. Aouft,

Lettre de Madame la Marquife de Guiercheuille, à Monfieur de la Caze.

Monfieur mon Coufin, l'ay veu par voftre lettre la refolution que vous aués prife, Dieu veille que vous vous en trouuiés bien, vous pouués croire

que

que nous estant ce que nous sommes, ie vous ayme & honore comme bonne parente : l'ay toujours fait beaucoup d'état de vostre amitié & me promets qu'elle me sera conseruée, & vous asseure que mes enfans & moy ne vous manquerons iamais en toutes occasions, vous en deués prendre asseurance vous suppliant de me faire part de vos nouuelles car ie suis bien ayse d'en receuoir, ie vous asseure que vous aués icy vn Gentil-homme qui merite que vous l'aymiés pour l'affection qu'il vous porte, pour moy ie l'en estime & tous ceux qui vous aymeront vous estant de cœur & d'affection,

Monsieur mon Cousin,

Ce dernier iour d'Avril

Vostre &c.
A. DE PONS.

Autre lettre de ladite Dame pour responce à celle que Monsieur de la Caze luy auoit écrit de consolation sur la mort de Monsieur de Liencourt son mary.

Monsieur mon Cousin, Ce témoignage de vostre bon naturel au ressentiment que vous aués eu de ma perte surcroist infiniment les obligations que ie vous ay, & vous asseure aussi que ie suis en état que ceux à qui ie touche de si pres comme à vous, auroient à iuste cause, s'ils me voyoient, compassion de ma douleur qui me rend presque méconnoissable à mes plus chers amis ; nostre bon Dieu soit beny en toutes les choses que sa sagesse ordonne, & me donne son assistance selon ma necessité, & vous mon cher Cousin de qui ie connois le bon cœur & affection enuers moy, ie vous supplie me la continuer toujours en me croyant la plus passionnée & affectionnée à vous rendre seruice de toutes vos parentes qui se dira par tout,

Monsieur mon Cousin,

Vostre &c.
A. DE PONS.

Le 14. Septembre 1620. le Roy écriuit vne lettre à Monsieur de la Caze, dont la teneur s'ensuit.

Monsieur le Marquis de la Caze, ayant commandé à mon Cousin le Duc d'Espernon de s'acheminer demain en ma Ville de Pons, pour y faire sa charge de Gouuerneur & mon Lieutenant General en mes Pays de Xaintonge, Angoumois & Aunis. A mon arriuée en ladite Ville, ie vous ay bien voulu faire celle cy, pour vous dire que ie desire que vous l'y receuiez selon qu'il est deu à sa qualité, & tenir la main que les habitans luy rendent tous les deuoirs ausquels ils sont obligez, à quoy m'asseurant que vous satisferez selon mon intention. Ie prie Dieu, Monsieur le Marquis de la Caze, vous auoir en sa garde : Ecrite à Xaintes le 14. Septembre 1620. Signé, LOVIS, & plus bas, Phelippeaux. Et au dessus de la lettre : A Monſieur le Marquis de la Caze, Conſeiller d'Eſtat, Capitaine de cinquante hommes d'armes, & Gouuerneur de la Ville de Pons.

Lettre de Monſieur de Pont-Chartrain, à Monſieur de la Caze.

MOnſieur, Le Roy ayant voulu donner ce contentement à Monſieur d'Eſpernon, que de trouuer bon qu'il fiſt les fonctions de ſa charge à Pons lors qu'il y arriuera, ainſi qu'il a fait à Saint Iean d'Angely. C'eſt pourquoy il me ſemble qu'il ſera fort à propos que vous vous prepariez à le recueillir auec toutes ſortes de courtoiſies & honneſtetez ; & d'autant pluroſt que ſa Majeſté luy ayant fait particulierement entendre qu'elle deſiroit qu'il vous cheriſt & eſtimaſt comme vn de ſes plus affectionnez ſeruiteurs, il a fait toutes demonſtrations d'y eſtre entierement diſpoſé : de ſorte que vous pouuez aſſeurer que vous receurez toutes ſatisfactions de ſa part. I'ay eſtimé vous deuoir donner cét aduis, afin que vous ne ſoyez ſurpris de ſa venuë, & que vous y comportiez ſuiuant l'intention de ſa Majeſté. Ie vous baiſe tres-humblement les mains, & vous prie de me croire toujours,

Monſieur,

De Xaintes, ce 13. Septembre 1620.

Voſtre tres-humble & affectionné ſeruiteur, P. PHELIPPEAVX.

TOus ceux qui ont conneu Monſieur d'Eſpernon, ſçauent bien qu'il n'euſt deſiré vne lettre du Roy ſans de fortes conſiderations, dont les coniectures ſont faciles. Et on remarquera ces termes de Saint Iean d'Angely, dont Monſieur de Rohan eſtoit Gouuerneur.

Item, *Autre Lettre du Roy.*

MOnſieur de la Caze, L'occaſion de mon armement eſtant ceſſé il y a déja quelque temps, par le bon ſuccez de mon voyage : Ie vous ay cy deuant écrit de faire congedier la Compagnie de mes Ordonnances que vous commandez, afin de me décharger de dépenſe & ſoulager mon Peuple ; ayant pour cét effet donné ordre que ladite Compagnie faſſe montre en robe, & par procuration : Au moyen dequoy ie vous faits derechef la preſente, pour vous faire ſçauoir que ie veux que les hommes d'armes ſe retirent dans leurs maiſons ſeparément, afin que mes Sujets n'en ſoient oppreſſez, eſtant bien content des ſeruices que ceux de ladite Compagnie m'ont rendus, dont ie me ſouuiendray pour les reconnoiſtre & employer quand le ſujet s'en preſentera. Priant Dieu, Monſieur de la Caze, qu'il vous ait en ſa ſaincte garde. Ecrit à Saint Iean d'Angely, le 13. Septembre 1620. Signé, LOVIS : Et plus bas, BRVSLART. Et au deſſus de la lettre : A Monſieur le Marquis de la Caze, Conſeiller en mon Conſeil d'Eſtat, & Capitaine de cinquante hommes d'armes de mes Ordonnances.

Il eſt à noter au preiudice dudit Seigneur, que cette montre luy eſt encore deuë.

Le meſme iour il receut encore vne lettre du Roy, dont la teneur s'enſuit.

MOnſieur le Marquis de la Caze, l'ay fait pouruoir non ſeulement au paye-ment de l'armement & des huit ſols de la leuée de voſtre Regiment, mais auſſi à la montre du licenciment d'iceluy, ainſi que ie vous ay écrit, & verrés bien-toſt par l'effet qui s'enſuiura; toutesfois ſi à cauſe de la neceſſité preſſante de mes affaires, il y auoit quelque retardement audit payement, vous me ferez ſeruice tres-agreable d'en faire l'aduence, pour ne differer dauantage la ſeparation dudit Regiment, au ſoulagemenr de mon Peuple, comme ie vous en prie, aſſeuré que ie vous feray rembourcer du total au plutoſt. Mais obſeruēs de faire la montre, & expedier les Rolles d'iceluy en la maniere accoutumée par les Commiſſaires & Controlleurs des guerres, que i'ay fait commettre à cét effet. Ie prie Dieu, Mon-ſieur le Marquis de la Caze, qu'il vous ait en ſa ſainte garde. Eſcrite à S. Iean d'Angely, le 13. Septembre 1620. Signé, L O V I S. Et plus bas, BRVSLART. Et au deſſus, A Monſieur le Marquis de la Caze, Meſtre de Camp d'vn Regi-ment de dix compagnies de gens de guerre à pied François, & en ſon abſence à celuy qui commande audit Regiment.

Dequoy ledit Seigneur a eſté aſſés mal rembourſé.

Item, Autre lettre du Roy audit Seigneur.

MOnſieur le Marquis de la Caze, Maintenant que l'occaſion de mon ar-mement ceſſe par le bon ſuccés de mon voyage. l'ay aduiſé pour me dé-charger de la dépenſe, & ſoulager mon peuple, de retrancher le Regiment de gens de pied que ie vous auoïs commandé de leuer ſur ces derniers mouuemens pour mon ſeruice: Partant vous ne faudrés de le licencier ſoudain qu'il aura receu le payement de ſa montre que ie luy ay ordonné: Enioignant aux ſoldats d'iceluy de ſe retirer trois à trois au plus ſans faire oppreſſion à mes Suiets, ſur peine de la vie, eſtant bien content des ſeruices que vous & les autres Capitaines de voſtre Regiment m'auez rendu, dont auſſi ie me ſouuiendray volontiers pour le recon-noiſtre à vos communs contentemens, quand il ſe preſentera aucune occaſion d'employer vos affections & fidelités éprouuées en celle-cy. Ie prie Dieu, Mon-ſieur de la Caze, qu'il vous ait en ſa ſainte garde. Eſcrite à Poictiers, le premier iour de Septembre 1620. Signé, L O V I S: Et plus bas, BRVSLART.

Item ; Autre lettre du Roy écrite audit Seigneur en Aoust 1620.

MOnſieur le Marquis de la Caze, Ie ſçay le ſoin que vous prenés de me té-moigner en toutes occaſions le zele & deuotion qu'aués au bien de mon ſeruice, dont ie vous ſçay tres-bon gré, maintenant qu'à preſent, par les bons & heureux ſuccés que i'ay receu en mes entrepriſes, il a pleu à Dieu donner ſa paix en mon Royaume, par vn bon accommodement que i'ay fait à la Reine Madame ma Mere, mes ſeruiteurs n'auront plus tant de matiere pour s'employer, neanmoins ie vous prie de me témoigner voſtre affection, & veiller toujours à ce que vous connoiſtrés eſtre du bien de mon ſeruice, vous aſſeurant que ie vous reconnoiſtray ſelon voſtre merite, en tout ce qui s'offrira pour voſtre bien & contentement. Sur ce ie prie Dieu, Monſieur le Marquis de la Caze, vous auoir en ſa ſainte garde. Eſcrite à Briſſac le 14. Aouſt. 1620. Signé, LOVIS : Et plus bas, PHELIPPEAVX.

Autre lettre du Roy écrite audit Seigneur.

MOnſieur le Marquis de la Caze, Ayant pleu à Dieu de rétablir la paix dans ce Royaume, par le traitté que i'ay fait auec la Reine Madame ma Mere, i'ay commandé au Sieur de Machault de vous faire ſçauoir mes intentions ſur le ſujet des troupes que vous aués leuées pour mon ſeruice, que ie prie de ſuiure, & d'ajouſter creance à tout ce que ledit Sieur Machault vous dira de ma part ſur ce ſujet : auquel me remettant, ie prie Dieu, Monſieur le Marquis de la Caze, vous auoir en ſa ſainte garde. Eſcrite à Briſſac le 14. iour d'Aouſt 1620. Signé, LOVIS. Et plus bas ; PHELIPPEAVX.

Lettre de Monſieur de Pont Chartrain, à Monſieur de la Caze.

MOnſieur, I'ay repreſenté au Roy le ſoin que vous prenés de profiter les occaſions qui ſe preſentent pour le bien de ſon ſeruice, dont ſa Maieſté témoigne beaucoup de reſſentiment, maintenant que les affaires ont changé de viſage, puis que la paix eſt à preſent établie en ce Royaume, par le moyen du traitté que le Roy a fait auec la Reine ſa Mere, qui a eſté encore confirmé par l'heureuſe entreueuë de leurs Maieſtés en ce lieu ; Cela n'empeſchera que le Roy ne s'achemine iuſques à Poictiers, pour attendre, ſur le ſujet de ce traitté, les réponſes de Meſſieurs de Mayenne, de Rohan, & d'Eſpernon. Et là aduiſer ce qui ſera du bien de ſon ſeruice, dont ie m'aſſeure que tous les bons ſeruiteurs de ſa Maieſté, & vous en particulier, auront vne ioye extreme ; Ie me remets ſur ce porteur de vous entretenir des particularités de ce qu'il a veu & appris

de deçà,

de deçà, vous baifant bien humblement les mains, & vous priant de me croire toujours,

Monfieur,

A Briffac ce 14. Aouft 1619.

Voftre tres-humble & tres-affectionné feruiteur, PHELIPEAVX.

Lettre de Monfieur de Schomberg, à Monfieur de la Caze.

MOnfieur, Vous apprendrez par Monfieur de Pont-Chartrain les refolutions du Roy pour ce qui vous regarde, & fçaurez de moy, que ie ne manqueray point à tous les feruices que ie vous pourray rendre, nous nous approchons de vous, celà & la paix que le Roy a voulu donner à la Reyne fa Mere nous donnera moyen de nous voir à Poiétiers où le Roy fera le 21. de ce mois. l'attens là de vous dire plus particulierement que ie fuis,

Monfieur,

De Briffac, ce 15. Aouft 1620.

Voftre bien humble & tres affectionné feruiteur, SCHOMBERG.

Autre lettre du Roy audit Seigneur.

MOnfieur le Marquis de la Caze, ayant commandé au Sieur de Machault, Ayde de Marefchal de Camp, d'aller reconnoiftre en mes Pays de Poitou & Xaintonge, la diligence que mes feruiteurs auront apporté pour la leuée des troupes dont ie leur ay donné la charge; Ie l'ay chargé de paffer iufques à vous pour mefme fujet, pour fçauoir fi voftre Compagnie de Gens d'Armes, & le Regiment dont ie vous ay donné la charge font en eftat de feruice, dont ie vous prie de me mander des nouuelles, afin que ie fçache l'eftat que i'en puis faire & y trauailler inceffamment & lors que vous ferez preft de battre aux champs, pour en eftant aduerty, vous faire fur ce entendre mes intentions, cependant vous me ferez feruice tres-agreable de tenir la Campagne auec ce que vous auez affemblé, & courir fus & tailler en pieces tous ceux que vous apprendrez faire des leuées contre mon feruice; Vous affeurant que ie reconnoiftray les deuoirs que vous rendrez en ces occurences, par des effets de ma bienveillance en tout ce qui fe prefentera pour voftre aduantage. Ie remets audit Sieur de Machault de vous faire part de l'eftat de mes affaires. Priant Dieu, Monfieur le Marquis de la Caze, de vous auoir en fa fainte garde. Ecrite au Mans, le premier iour d'Aouft 1620. Signé, LOVIS: Et plus bas, PHELIPPEAVX.

SI le Sieur de Machaut vit, il témoignera, comme plufieurs feront, que le mefme iour que ledit Seigneur receut la lettre cy deffus; en la prefence dudit

Sieur de Machault, il fit incontinent battre aux champs, quoy qu'Angoulefme, Xaintes, Cognac, & Talmont tinfent pour Monfieur d'Efpernon, Saint Iean d'Andely pour Monfieur de Rohan, Taillebourg pour Monfieur de la Trimoüille, Blaye pour Monfieur d'Aubeterre, Caunac, Royan, & Mortaigne pour Meffieurs de Matignon, Beuuron, & Candelay, qui eftoient du party de la Reyne Mere : Ainfi ledit Seigneur de la Caze, fit valoir les armes du Roy luy feul contre tant & de fi puiffants ennemis. Tellement qu'à fon exemple, les pratiques, intelligences & credit qu'il auoit dans Saint Iean d'Angely, & dans ces Prouinces, encouragea ceux dudit Saint Iean à fe declarer pour le Roy, & luy mefme eftoit feul intelligent auec le Confeil de fa Majefté, pour ayder le Sieur de Pernes à remettre Xaintes en l'obeïffance du Roy, qui font des feruices auffi confiderables pour ce temps là, que nuls qui ayent efté rendus à fa Majefté, & dont il n'a tiré nulle recompenfe que la fatisfaction d'auoir dignement & vtilement feruy. Car ayant de fi puiffants ennemis, il ne fe pouuoit autrement, ayant toujours tenu la Campagne auec de l'Artillerie, & vne belle Compagnie de Gardes, & autres troupes outre fes Gendarmes & Regiment, le tout à fes dépens. On voit par toutes ces lettres les feruices qu'on confeffe que Monfieur de la Caze a rendus, & la fatisfaction qu'on en témoigne. Et il n'a efté payé que d'ingratitude.

Autre lettre de Monfieur Schomberg audit Seigneur.

MOnfieur, Ce Gentil-homme vous porte les volontez du Roy, & les témoignages de l'eftime qu'il fait de voftre feruice, pour moy ie contribueray toujours à voftre contentement tout ce que vous pouuez attendre d'vn tres-affectionné feruiteur ; le Roy fera dans dix iours à la riuiere de Loire, en tel état qu'il ne craint point que par amour ou par force tout ne luy obeyffe nous nous approcherons de vous bien toft apres, & fa Majefté fera cognoiftre en vos quartiers le traitement inégal que receuront de fa bonté ou de fa Iuftice, ceux qui l'auront feruie ou defferuie, ie vous coniure de continuer à bien faire, il ne peut deformais plus mefarriuer aux feruiteurs du Roy, puis que nous fommes fi proches d'eux, & me faites la faueur de me donner la part en vos bonnes graces que s'y doit promettre,

Monfieur,

Voftre &c.
SCHOMBERG.

D'Orbec ce 25. Iuillet 1620.

Autre lettre du Roy écrite audit Seigneur de la Caze.

MOnfieur le Marquis de la Caze, Ie fçay l'affection que vous portez par delà à ce qui eft du bien de mon feruice, & combien voftre prefence y a efté neceffaire, dont ie reçois tout contentement, ie vous prie de continuer à m'y feruir

comme vous auez bien commencé, & de croire que i'en conferueray la memoire,
pour m'en fouuenir en toutes occafions qui s'en prefenteronr : i'efpere de m'approcher bien-toft de ces quartiers de delà, & que par ma prefence ie remettray
les Prouinces en tel eftat, que mon autorité y fera plus refpectée qu'elle n'eft, &
que vous aurez la commodité de me faire fçauoir de vos nouuelles comme ie le
defire : Sur ce ie prie Dieu, Monfieur le Marquis de la Caze, vous auoir en fa
fainte garde. Efcrite à Lizieux le 24. Iuillet 1620. Signé, L O V I S : Et plus bas,
P H E L I P P E A V X.

Lettre de Monfieur de Pont Chartrain, à Monfieur de la Caze.

MOnfieur,   Si celuy que vous enuoyaftes ces iours paffez de deça fuft arriué pres de vous, vous ne vous fuffiez pas donné la peine
de nous dépefcher le prefent porteur ; car il vous aura apporté les Commiffions &
l'ordre qui eft neceffaire pour la leuée du Regimét que vous auez defiré faire, auec
l'argent ou affignations neceffaires pour l'armement & leuée d'iceluy. Vous aurez
auffi eu la Lettre que vous auez defirée pour mettre voftre Compagnie de Gens-
d'Armes fur pied ; tellement que nous n'auons rien maintenant à vous enuoyer
par le retour de ce porteur, finon les quatre ou cinq Lettres en blanc de creance,
que vous auez encore defirées pour des Gentils-hommes de ces quartiers de delà :
& deuez croire que l'on aura toujours toutes les fouuenances de vous que vous
meritez, & qu'en mon particulier i'auray toujours grand foin de tout ce qui vous
concernera : Ce porteur faifoit encores inftance pour vne Compagnie de Cheuaux legers, mais il en a efté deliuré fi grande quantité, que l'on a fait difficulté,
fur ce que l'on croit bien que le trop grand nombre empefcheroit qu'il fur poffi-
ble les payer. Auffi le Roy fait eftat d'eftre bien-toft vers la riuiere de Loire, où
il s'achemine prefentement, pour par fa prefence ramener ceux qui fe font dé-
voyez, & contenir les autres en deuoir, ainfi qu'il a fait tres-heureufement du cofté de deçà, ayant contraint ceux qui eftoient dans le Chafteau de Caen de fe rendre, & fait retirer ceux qui eftoient dans Allençon & dans Verneuil, & reduit
toutes les autres places qui eftoient ébranlées par la faction de fes fujets qui fe font
liguez contre fon autorité, & contraint tous les Seigneurs & Gentils-hommes de
venir protefter de leur fidelité & obeyffance ; l'ay veu par voftre Lettre l'auis que
vous me donnez de ce qui feroit à faire de la part du Roy à l'endroit des Deputez
de ceux de la Religion pretenduë Reformée qui font à fa fuitte, ce qu'ayant fait
voir à fa Maiefté & à Meffieurs de fon Confeil, l'on ne s'éloigne pas de cét auis ;
Mais ils font demeurez à Paris, & ne fçauons pas quand ils nous viendront ioindre.
Ie vous baife bien humblement les mains, & vous prie de me croire toujours,

    Monfieur,

                                     Voftre &c.

A Lizieux, ce 24. Iuillet 1620.   P H E L I P P E A V X.

*Lors de la guerre du Pont de Cée, le Conseil du Roy trouuant à propos ; Messieurs d'Espernon
& d'Ambleuille estant du party de la Reyne Mere, de donner le commandement à Monsieur de la Caze dans la Prouince de Xaintonge, Angoumois & Aunis ; sa Maiesté
escriuit quelques lettres à des plus qualifiez desdites Prouinces, laissant les noms en blanc,
pour estre remplis à la discretion & choix de Monsieur de la Caze ; il en fit distribuer
quelques-vnes, & en a quelques autres encore, qu'il ne iugea pas à propos de faire de-
liurer, dont la teneur de la plus-part est telle, & la substance des autres la mesme chose.*

Onsieur de · · · · · · · · · · · · · · · · · · · La confiance particuliere que i'ay en la fidelité & affection au bien de mon seruice du Sieur
Marquis de la Caze, me donne sujet de luy adresser cette lettre pour vous la rendre de ma part, & par laquelle ie vous asseureray de la bonne volonté que i'ay
pour vous, & que ie me promets en l'occasion qui s'offre, que vous m'en rendrez
les effets & fidelité, ausquels vous estes obligé enuers moy, desirant de vous vne
parfaite vnion & correspondance auec ledit Marquis de la Caze pour mondit seruice, ce que faisant, vous deuez croire que ie vous en reconnoistray selon vostre
merite. Ainsi que ledit Sieur de la Caze vous dira plus particulierement, auquel
me remettant, ie prie Dieu, Monsieur de · · · · · · · · · · · · · · · · vous
auoir en sa sainte garde. Escrite à Lizieux, le 23. Iuillet 1620. Signé, LOVIS,
Et plus bas ; PHELIPPEAVX.

Autre Lettre du Roy audit Seigneur.

Onsieur le Marquis de la Caze, l'ay appris par ce porteur ce que vous luy
auez donné charge de me representer de l'estat des affaires de delà, ie re-
connois bien qu'il est grandement necessaire que mes bons seruiteurs s'euertuent
pour s'opposer à tous les mauuais desseins qui se forment contre mon autorité,
lesquels i'espere auec la grace de Dieu, surmonter & ranger tous ses broüillons en
leur deuoir, ainsi que i'ay commencé à faire heureusement en cette Prouince, où
ma presence estoit grandement necessaire, ie vous prie donc de vostre part de
contribuer ce qui dependra de vostre pouuoir, selon que ie sçay que vous en auez
l'intention & la volonté : Et afin que vous le puissiez faire plus vtilement, ie vous
enuoye les Commissions que vous auez desirées pour dresser vn Regiment de dix
Compagnies de gens de pied, & m'en seruir aux lieux & selon que ie vous l'or-
donneray, i'ay fait pouruoir à vous faire le fonds pour le payement de l'armement
d'iceluy. C'est pourquoy ie desire que vous le mettiez sur pied le plus promptement qu'il vous sera possible & me donnez l'aduis du temps qu'il sera en estat de
m'en pouuoir seruir, vous prendrez aussi toujours soin de ce qui sera de la garde &
conseruation de la place dont vous auez la charge : Sur ce, ie prie Dieu, Monsieur
le Marquis de la Caze, vous auoir en sa sainte garde. Escrite à Ponteau de Mer,
le 13. iour de Iuillet 1620. Signé: LOVIS: Et plus bas ; PHELIPPEAVX.

Lettre

Monſieur, l'ay fait voir au Roy la lettre qu'il vous a pleu de m'écrire du neuuieſme de ce mois, afin qu'il reconneuſt le ſoin que vous prenez de le tenir aduerty des choſes qui ſe paſſent de par delà : Monſieur Bonnefoy s'en retourne auec les Commiſſions que vous auez deſiré pour dreſſer vn Regiment par delà, ie croy que le plutoſt que vous le pourrez mettre ſur pied ſera le meilleur, afin de ſe pouuoir aucunement oppoſer à ceux qui ſe portent ſi licencieuſement contre l'autorité de ſa Majeſté. Faites moy ſçauoir ſouuent de vos nouuelles, & ie prendray ſoin que vous en ayez des noſtres, cependant ie vous baiſe les mains, & demeure,

Monſieur,

Au Ponteau de Mer, ce 13. Iuillet 1620.

Voſtre &c.

PHELIPEAVX.

LOVIS par la grace de Dieu Roy de France & de Nauarre : A noſtre cher & bien Amé le Sieur du Cluzeau ; Ayant aduiſé ſur les occaſions qui ſe preſentent & pour le bien de noſtre ſeruice, de leuer & mettre ſus vn Regiment de Gens de guerre à pied François, compoſé de dix Compagnies de cent hommes chacune, dont nous auons donné la charge & conduite au Sieur de la Caze ; Et eſtant beſoin pour leuer & commander l'vne deſdites Compagnies faire choix de quelque bon & experimenté Capitaine, de la fidelité duquel nous ayons entiere confiance. A CES CAVSES, ſçachant qu'elle eſt voſtre valleur & affection à noſtre ſeruice : Nous voulons & vous mandons que vous ayez incontinent à leuer & mettre ſus l'vne des Compagnies du ſuſdit Regiment, & icelle compoſer de cent hommes des meilleurs, plus vaillans & aguerris ſoldats que vous pourrés trouuer & choiſir, pour les conduire & exploiɡ̃ter la part, ſelon, & ainſi qu'il vous ſera par nous ou nos Lieutenans generaux commandé & ordonné pour noſtre-dit ſeruice. Et nous ferons payer vous & leſdits cent hommes, de gages, ſoldes, & appointemens qui vous ſeront deus, & à eux ſelon les montres & reueuës qui en ſeront faites par les Commiſſaires & Controlleurs ordinaires de nos guerres, à ce départir tant & ſi longuement qu'ils ſeront ſus pour noſtredit ſeruice. De ce faire vous auons donné & donnons pouuoir, puiſſance, autorité, commiſſion & mandement ſpecial : Mandant à tous nos Iuſticiers, Officiers & Sujets, qu'à vous, en ce faiſant il ſoit obey : Car tel eſt noſtre plaiſir. Donné à Rouën, le 11. iour de Iuillet, l'an de grace 1620. Et de noſtre Regne le onziéme, Signé, LOVIS. Et plus bas, par le Roy, BRVSLART.

E

<hr>

Lettre de Madame la Marquise de Guiercheuille, audit Seigneur de la Caze.

MOnsieur mon Cousin, l'ay esté tres-aise d'auoir par vne si bonne occasion, rencontré le moyen de vous écrire, pour me ramenteuoir toujours en vostre souuenir, & vous asseurer de mon affection à vous faire seruice, i'espere que nous vous verrons à Poitiers où la Reyne ira, & part Lundy pour celà; Cependant tenez moy en vos bonnes graces, & me croyez ie vous supplie,

Monsieur mon Cousin,

Vostre &c.
A. DE PONS.

<hr>

Lettre de feu Monsieur de Schomberg audit Seigneur de la Caze.

MOnsieur, Vous auez esté preuenu à la demande que vous faites au Roy de beaucoup d'autres, mais il n'y a encor rien de resolu, le Roy s'en va à Poitiers où ie me promets que nous vous verrons : Et pour moy, ie vous seruiray en l'occasion que vous me recommandez & en toutes autres, pour l'affection que vous deuez attendre,

Monsieur, de

A Loudun le 18. Aoust

Vostre &c. SCHOMBERG.

<hr>

Autre Lettre du Roy audit Seigneur de la Caze.

MOnsieur le Marquis de la Caze ; Sur ce que i'ay sceu que vous iugiés à propos, pour le bien de mon seruice, & la conseruation de la Ville de Pons, d'establir vn Lieutenant au gouuernement de laditte Ville, pour y commander en vostre absence, & sous vostre autorité, & que vous desiriés que le Sieur de Bonnefoy y fust pourueu, pour la confiance que vous aués en luy ; Ie luy ay volontiers accordé ladite charge en vostre faueur & recommandation, sur l'asseurance que i'ay qu'il me seruira auec la fidelité & affection qu'il doit, & à vostre particulier contentement, ce que ie vous ay voulu faire sçauoir par celle-cy, laquelle n'estant à autre sujet. Ie prie Dieu, Monsieur le Marquis de la Caze, vous auoir en sa sainte garde. Escrite à Paris le 26. iour de Ianuier 1620. Signé : LOVIS ; Et plus bas ; PHELIPPEAVX.

<hr>

Lettre de Monsieur de Pont Chartrain, audit Seigneur de la Caze.

MOnsieur, Ayant fait entendre au Roy ce qui estoit de vostre intention pour la charge de Lieutenant au Gouuernement de la Ville de Pons. Et le defir que vous aués que le Sieur de Bonnefoy en fuft pourueu pour y commander en voftre abfence & fous voftre autorité. Sa Maiefté l'a eu bien agreable & luy a accordé ladite charge en voftre faueur & recommandation. Ainfi que vous verrés par les lettres qu'elle vous en écrit, & aux habitans de ladite Ville, afin qu'ils ayent à le reconnoiftre en ladite charge, ie vous enuoye celle defdits habitans toute ouuerte pour la leur faire rendre fi vous le iugés à propos, quand il s'offrira autre occafion de vous feruir, ie m'y employeray toujours auec la mefme affection de laquelle vous baifant bien humblement les mains ie demeure,

Monfieur,

A Paris ce 29. iour de Ianuier 1620.

Voftre &c.
PHELIPPEAVX.

Item, *Autre lettre du Roy écrite audit Seigneur de la Caze.*

MOnfieur le Marquis de la Caze, Maintenant que les occafions font paffées de tenir plus longuement fur pied la Compagnie de Cheuaux Legers, que vous aués leuée pour mon feruice, i'ay auifé de la faire licencier: C'eft pourquoy ie vous fais celle-cy, pour vous dire qu'apres la montre faite de voftre Compagnie, vous ayez à congedier les membres & Soldats d'icelle, & les faire retirer feparément, fans permettre qu'apres ledit licenciement, ils commettent aucun defordre à la foule & oppreffion de mes Sujets. Vous affeurant au furplus que ie fuis bien content du feruice que vous m'auez rendu en ces occafions, & que lors qu'il s'offrira fujet de vous en reconnoiftre, ie vous témoigneray que ie vousay en la confideration que vous merités: Sur ce, ie prie Dieu, Monfieur le Marquis de la Caze, vous auoir en fa fainte garde. Ecrite à Amboife, le 26. May 1619. Signé, LOVIS. Et plus bas; PHELIPPEAVX.

Item, *Autre lettre du Roy audit Seigneur de la Caze.*

MOnfieur le Marquis de la Caze, Sçachant l'affection que vous portés à mon feruice, & que vous m'en pouuez rendre de bons effets en ces occafions prefentes, par le credit & pouuoir que vous auez de par delà; Ie vous enuoye vne Commiffion, que ie vous ay fait expedier de cinquante Cheuaux Legers, pour feruir en Xaintonge & autres lieux, où le bien de mon feruice le requerra, lefquels vous ferez leuer, & tiendrez preft au plutoft que vous pourrez, afin de les employer felon qu'il en fera befoin, & les commandemens que vous en aurés, & ie feray pouruoir au payement de ladite Compagnie, pour le temps qu'elle fera fur pied, comme il a efté déja fait pour la leuée d'icelle : Et n'eftant la prefente à autre fin. Ie prie Dieu, Monfieur le Marquis de la Caze, vous auoir en fa ſainte garde. Eſcrite à Saint Germain en Laye, le 13. iour d'Avril 1619. Signé, LOVIS: Et plus bas; PHELIPPEAVX.

Lettre de Monſieur de Pont-Chartrain audit Seigneur de la Caʒe.

MOnſieur, Sur ce que i'ay repreſenté au Roy le beſoin que vous auiez d'eſtre fortifié de quelques Gens de guerre, pour vous conſeruer en voſtre place qui eſt enuironnée de pluſieurs de celles qui ſont à preſent detenuës par ceux qui témoignent auoir de mauuaiſes intentions contre ſon ſeruice, encore que ſa Majeſté euſt reſolu de n'augmenter les Commiſſions qu'il a cy deuant données pour les leuées de Gens de guerre: neanmoins elle a trouué bon de vous en donner vne de cinquante Cheuaux Legers, dont vous auez icy la Commiſſion, pour ſeruir tant à la conſeruation de voſtre place qu'en l'Armée de Monſieur de Mayenne où vous ſerez commandé d'aller, ſi on euſt penſé que vous euſſiés plutoſt deſiré de mettre ſur pied voſtre Compagnie de Gendarmes, vous en euſſiez auſſi toſt eu le commandement: Mais l'on a eſtimé que ladite Compagnie de Cheuaux Legers eſtoit plus propre pour l'effet auquel elle eſt deſtinée qui eſt d'aller & venir & battre la Campagne que n'euſt pas eſté voſtredite Compagnie de Gendarmes, laquelle ne pourroit faire ſi facilement ces fonctions là. C'eſt choſe qui ne peut preiudicier au titre que vous en auez ainſi que ie m'aſſeure que vous le iugerez bien, & approuuerez la reſolution qui en a eſté faite; s'il ſe preſente icy autre occaſion où ie vous puiſſe ſeruir, ie m'y employeray toujours auec toute l'affection que vous pouuez deſirer, comme eſtant,

Monſieur,

Voſtre &c.

A S. Germain en Laye ce 13. Avril 1619. P. PHELIPPEAV X

Suite de la teneur de ladite Commiſsion.

LOVIS par la grace de Dieu Roy de France & de Nauarre; A noſtre Cher & bien Amé le Marquis de la Caze, Salut: Ayant aduiſé pour le bien de noſtre ſeruice, & ſur les occaſions qui ſe preſentent de faire leuer & mettre ſus quelque nombre de Compagnies de Cheuaux legers, & à icelles donner la charge à quelques bons, & vaillans, & experimentez perſonnages, de l'affection & fidelité deſquels nous ayons entiere aſſeurance. A CES CAVSES, A plein confians de vos ſens, ſuffiſance, loyauté, prud'hommie, experience au fait des Armes & & bonne diligence: Nous auons donné & octroyé, donnons & octroyons par ces preſentes, ſignées de noſtre main, la charge, & conduite, & Capitainerie d'vne Compagnie de cinquante Cheuaux legers, leſquels vous leuerez & mettrez ſus au plutoſt, des meilleurs, plus vaillans & aguerris Soldats que vous pourrez choiſir & trouuer, pour iceux conduire & exploiter ſous l'autorité de noſtre

tres-cher

tres-cher Coufin le Duc d'Angoulefme, Colonel General de noftre Caualerie
legere, la part & ainfi qu'il vous fera par Nous ou nos Lieutenans Generaux commandé & ordonné pour noftre feruice ; Et nous ferons payer vous & lefdits
cinquante Cheuaux legers, des Soldes, Eftats & Appoinctemens qui vous feront deus à eux, fuiuant les montres & reueuës qui en feront faites par les Com-
miffaires & Controlleurs de nos Guerres à ce Commis, tant & fi longuement
qu'ils feront fus pour noftredit feruice. De ce faire, vous auons donné & donnons plein pouuoir, puiffance, autorité, commiffion & mandement fpecial :
Mandons à tous Nos Iufticiers, Officiers & fujets qu'à vous en ce faifant foit obey.
Car tel eft noftre plaifir. Donné à Paris le 8. iour d'Avril l'an de grace 1619. Et de
noftre Regne le neuviéme ; Signé, LOVIS : Et plus bas, BRVSLART.
& feellé.

Item, *Autre lettre du Roy écrite audit Seigneur de la Caze.*

MOnfieur le Marquis de la Caze, Le Sieur de Bretauuille s'eftant en fuite de
fa conuerfion à la Religion Catholique, démis en mes mains de fa charge
de Capitaine d'vne Compagnie de gens de pied, eftant en garnifon dans ma Ville de Pons. l'ay eftimé que la confideration de fes feruices, & de ceux que fon
Pere à rendus au feu Roy Monfeigneur & Pere, me deuoient porter à gratifier le
Sieur de la Gorce fon fils de cette charge. Ce que i'ay fait tant plus volontiers,
que outre ce que l'exemple de fes Pere & ayeul l'induiront toujours à bien faire.
Ie fuis affeuré qu'il a les qualitez neceffaires pour en faire les fonctions, fans icelle
preiudicier en rien aux Edits, Declarations & Breuets accordez en faueur de ceux
de ladite Religion pretenduë Reformée, lefquels ie veux toujours eftre inuiolablement obferuez & gardez. Ie defire donc que vous receuiez ledit Sieur de la
Gorce auec fa Compagnie en ladite Ville de Pons, pour y feruir fous voftre autorité, ainfi que faifoit cy-deuant fondit Pere, fans qu'il y foit apporté aucune difficulté : A quoy me promettant que vous fatisferez fuiuant mon intention, ie ne
vous en feray plus longue lettre que pour prier Dieu, Monfieur le Marquis de la
Caze, vous auoir en fa fainte garde. Efcrite à Paris, ce 6. Ianuier 1619. Signé,
LOVIS : Et plus bas, PHELIPPEAVX.

Autre lettre du Roy audit Seigneur de la Caze.

MOnfieur le Marquis de la Caze, Ie n'ay voulu laiffer retourner ce porteur
vers vous fans vous faire cette lettre, pour toujours vous affeurer de ma
bienveillance ; Comme auffi ie me promets que vous continuerez en toutes occafions qui fe prefenteront, les effets de voftre bonne affection & fidelité à mon
feruice que vous m'auez témoigné par le paffé : L'on me donne icy des aduis

qu'au quartier là où vous estes, ceux de la Religion pretenduë Reformée se re-
muent, comme s'ils se vouloient porter à chose qui fust contre leur deuoir à l'o-
beïssance qui m'est deuë, ce que ie n'ay encores creu, veu qu'ils n'en ont aucun
sujet; Et que de ma part ie n'ay point eu aucune intention que de les faire viure
en toute seureté, repos & tranquilité, & sous l'obseruation des Edits & Articles
secrets & Declarations faites en leur faueur, dont vous leur pourrez donner toujours toute asseurance de ma part. Ie me promets aussi, que si vous appreniez
qu'ils voulussent se porter à chose qui fust contre mon autorité & seruice, que
vous ne manqueriez à vous y opposer, & à m'en tenir soigneusement aduerty,
ainsi que ie vous prie de faire. Et sur ce; Ie prie Dieu, Donsieur le Marquis de la
Caze, vous auoir en sa sainte garde. Escrit à Paris, ce 8. iour de Ianuier 1619.
Signé, LOVIS: Et plus bas; PHELIPPEAVX.

Autre lettre du Roy audit Seigneur de la Caze.

MOnsieur le Marquis de la Caze, Ie vous ay écrit plusieurs fois, vous faisant co-
gnoistre l'entiere asseurance que ie prens de vostre fidelité & affection à
mon seruice, & l'estat & estime que i'en fais, & que si ces affaires ont à passer plus
outre, sçachant que vous m'y pouuez vtilement seruir ie vous donneray employ
selon vostre merite, & attendant cela, ie vous ay voulu donner la charge d'vne
Compagnie de cinquante hommes d'Armes de mes Ordonnances, & vous enuoye
la Commission pour la mettre sur pied lors que ie le vous manderay par autre lettre que ie vous en écriray quand il sera à propos le faire. I'ay aussi fait expedier vne
Ordonnance pour l'entretenement de soixante soldats que i'ay accordé d'aug-
mentation à la garnison de Pons, afin que vous puissiez faire prendre garde à la
seureté & conseruation d'icelle, auec plus de force & de facilité, nous verrons ce
que ces affaires deuiendront, & s'il sera necessaire d'y pouruoir plus puissamment;
cependant ie vous prie de continuer toujours à veiller à ce que vous iugerez im-
porter à mondit seruice & vous asseurer de m'a bienveillance, priant Dieu, Monsieur le Marquis de la Caze, qu'il vous ait en sa sainte garde. Escrite à Paris, le 28.
iour de Mars 1619. Signé, LOVIS; Et plus bas, PHELIPPEAVX.

Autre lettre du Roy audit Seigneur de la Caze.

MOnsieur le Marquis de la Caze, Ie vous ay écrit despuis ces nouuelles occurrences, & témoigné par mes Lettres la confiance que ie prens de vostre
affection & fidelité à mon seruice, & l'asseurance que i'ay que vous m'en rendrez
des effets en ces occasions, ainsi que ie suis bien informé que vous faites, ce qui
m'a encore esté particulierement confirmé par le Sieur Baron d'Auton, dont ie
vous sçay fort bon gré, ce que ie vous ay bien voulu témoigner par cette-cy, qui
vous sera renduë par le Sieur Baron de Saujon : Et ie vous prie, comme ie fais,

de continuër de me seruir de par delà, & prendre soin de la conseruation de vostre place en mon obeïssance : Vous asseurant que ie me ressonuiendray volontiers des seruices que vous me rendrez en ces occasions, ausquelles vous ne serez des derniers à estre employé si elles ont à passer plus outre, ainsi que ie vous l'ay déja mandé. Et remettant audit Sieur de Saujon de vous dire de mes nouuelles, & ce qui se passe dedeçà, ie prieray Dieu, Monsieur le Marquis de la Caze, vous auoir en sa saincte garde. Escrit à Paris le 15. Mars 1619. Signé, LOVIS. Et plus bas, PHELIPPEAVX.

Autre lettre du Roy écrite audit Seigneur de la Caze.

MOnsieur le Marquis de la Caze, Ayant pris toute confiance en vostre affection, ie me promets que vous m'en donnerez des preuues en toutes les occasions qui s'en offriront, mesmes en celle qui se presente à present sur le sujet du depart de la Reyne Madame ma Mere de la Ville de Blois pour aller à Angoulesme, dont ie ne puis rien presumer de bon. C'est pourquoy ie vous faits cette lettre afin que vous ayez à prendre soin de la seureté & conseruation de la Ville de Pons, en mon obeyssance & veiller à ce qu'il ne s'y passe aucune chose au preiudice de mon seruice, me témoignant en cette occurrence ce qui est de vostre zele & deuotion enuers moy de qui vous pouuez aussi attendre toute faueur & gratification en ce qui se presentera pour vostre bien & contentement, i'eusse bien desiré de vous voir pour entendre de vous ce que vous m'auez mandé auoir de particulier à me faire sçauoir important à mondit seruice : Mais vostre presence estant requise au lieu où vous estes, ie n'ay pas trouué à propos que vous vous en éloigniez pour le present, c'est ce que i'ay à vous dire par cette-cy, priant Dieu, Monsieur le Marquis de la Caze, vous auoir en sa sainte garde. Escrit à Paris le 11. iour de Mars 1619. Signé, LOVIS. Et plus bas, PHELIPPEAVX.

Autre lettre du Roy écrite audit Seigneur de la Caze.

MOnsieur le Marquis de la Caze, Ie vous ay cy-deuant donné auis du prompt & inopiné depart de la Reyne Madame ma Mere de la Ville de Blois, & de son acheminement à Angoulesme, afin que sur cette occasion vous eussiez soin qu'il ne se passast aucune chose au lieu où vous estes au preiudice de mon seruice, & enuoyant maintenant mon Cousin le Duc de Rohan en son Gouuernement pour pouruoir à ce qui peut requerir sa presence, ie luy ay donné charge de passer iusques à S. Iean & autres lieux de la Xainctonge, & y faire mesmes quelque sejour s'il reconnoist qu'il soit necessaire pour le bien de mondit seruice, ie vous ay encores voulu faire cette lettre que mondit Cousin vous rendra ou fera tenir de ma part pour vous recommander d'auoir auec luy bonne intelligence & correspondance, & l'assister en ce qui dependra de vous selon qu'il vous fera entendre estre de mes intentions, pour maintenir pardelà toutes choses en deuoir, vous pouuant asseurer que si les choses ont à passer plus auant, ie n'oublyeray de vous y employer selon que vous le meritez, & que ie reconnoistray aussi volontiers les seruices que vous me rendrez en ces occasions : Sur ce, ie prie Dieu, Monsieur le Marquis de la Caze, vous auoir en sa sainte garde. Ecrite à Paris le 8. iour de Mars 1619. Signé : LOVIS ; Et plus bas, PHELIPPEAVX.

LE lecteur non enuieux remarquera que toutes les lettres du Roy & ses Ministres à Monsieur de la Caze, luy commandent ou conseillent bonne intelligence, & non obeyssance aux plus grands Seigneurs du Royaume, quoy qu'il n'eust encore vingt-sept ans.

L'an 1608. le 22. Octobre, Iean Iacques de Pons (lequel méprisant la qualité de Marquis auec grande raison, comme le lecteur iudicieux & raisonnable approuuera) Seigneur de la Caze fut conioint en mariage en l'âge de dix-huit ans auec Dame Charlotte de Partenay, Cheualier, Seigneur de Genoüillé & autres places, & de Dame Suzanne de S. Georges de la maison de Boissec de Verac, par contract retenu par Collardeau Notaire Royal ; auquel contract de mariage assisterent & signerent, entr'autres personnes de condition, le Seigneur de Cyré, de l'honnorable & ancienne maison de Culant, qui a donné à la France le Mareschal de Iallonges, les Admiral & Grand Maistre de Culant, & Louys de S. George Seigneur de Boissec oncle de ladite Dame, & Isaac de la Rochefoucauld Seigneur de Roissac, Ester Chabot Dame de Surgere, Izabel de la Cassaigne Dame de Tounéboutonne, & autres personnes de qualité ; lequel mariage ne fut consommé qu'au mois de Feurier 1609. Ladite Dame Charlotte de Partenay apporta en la maison les terres de Genoüillé, Quairay, les Coustaux, François, Laberniere, & Terlan, & cent mil liures en meubles.

Ledit Sieur de Genoüillé fut reconneu par sa Majesté d'vn Breuet de douze cens écus de pension en datte du 28. Aoust 1614. le Roy estant à Nantes. Signé, LOVIS. Et plus bas, Phelippeaux ; dont il a iouy quelque temps, comme il paroist dans l'Estat des Pensionnaires de la maison du Roy és années suiuantes.

Ledit Seigneur de la Caze Iean Iacques de Pons, est fils aisné de Iacques de Pons Seigneur de la Caze, Baron de Mongaillard & Ancos, & de Roquefort de Marsan & S. Go en partie, & de Dame Iudith de Monberon, fille vnique & heritiere de Messire Iean de Monberon Seigneur de Thors, & de Dame Gabrielle de Pierre-Buffiere de la Maison de Chasteau neuf en Limousin. Ledit Iean de Monberon estoit fils puisné de Messire Adrian de Momberon, Vicomte d'Aunay, Seigneur d'Archiac, Mathas, Tors, & Fleac ; auquel Adrian fut confisquée la Vicomté d'Aunay. Madame la Regente Louyze de Sauoye l'ayant pris en haine, pour l'estroite amitié dont ce grand & magnanime Prince Monseigneur Charles Duc de Bourbon, tres-digne Connestable, (& d'aussi bonne maison, & aussi Soldat presque, que quelques Officiers de la Couronne que nous voyons en ces temps, & aussi bon Capitaine) honnoroit ledit Adrian, ses autres terres luy ayant

esté

esté renduës depuis auec connoissance de cause ; & quand à ladite Vicomté d'Aunay, ledit Seigneur de la Caze, & le feu Seigneur de Bourdeille se sont souuent opposez aux baux afferme & coupes de forests de ladite Vicomté ; mais ce sont les moindres faueurs que les gens de bonne condition reçoiuent en ce temps.

Ledit Iean de Monberon, Seigneur de Thors, est celuy dont Corlieu fait mention en sa Chronique d'Angoumois au fueillet 135. où il dit parlant de la maison de Monberon, qu'il n'y en a plus que Messieurs de Thors, de Fontaines, & Dame de Bourdeille.

C'est encore de ce Seigneur de Thors Iean de Monberon, dont le Mareschal de Monluc parle en ces termes liure 5. page 58. parlant de la Bataille de Vers.

Le Seruiteur de Monsieur de Sainct Aluere me dit que ie me retirasse, & que les trois Cornettes qui estoient au village estoient des meilleurs de leur Camp ; car c'estoit la troupe de Monsieur de Thors qui estoit venuë auec le Capitaine Bourdet, ie le creus, & nous nous retirasmes à mesme logis.

MOnsieur de Thors : Ayant donné charge au Sieur de la Rochefoucauld de vous faire entendre plusieurs choses qui importent pour le seruice de Dieu & du Roy qui seroient longues à deduire, ie vous prieray de croire ce qu'il vous en dira de ma part, sans vous en faire autre discours ny redite par la presente. Sur ce, priant Dieu vous tenir, Monsieur de Thors, en sa tres-sainte & digne garde. D'Orleans le 11. May 1562.

Vostre bon amy, LOVIS DE BOVRBON.

VOicy comme du Tillet parle dignement de Messire Adrian de Monberon, en son traitté des derniers iours & exeques des Roys, au feüillet 251. rapportant vn discours familier en forme de remonstrance & conseil. Ce vertueux & magnanime Roy Charles VIII. disoit souuent à ses fauoris, qu'il les auoit choisis & aimoit plus que les autres, pour l'opinion qu'il auoit qu'ils fussent les plus honnestes, & desquels plus il se deust fier, comme il faisoit, sans leur auoir aucune chose discordée ; Ne craignoit en eux qu'vne faute, qu'ils se laissassent entacher à l'auarice, en estant aisement sollicitez & tentez, à cause du credit qu'ils auoient à luy, & leur seroit facile d'obtenir de luy tout ce dont ils le requeroient, mais si apres il venoit à sa connoissance qu'ils luy eussent fait commander pour leur profit chose iniuste & mal honneste, ils perdroient sa bonne grace pour iamais ; Auoient occasion d'eux se contenter des biens de ce monde, puis que Dieu l'auoit fait assez riche pour eux tous, & qu'il ne leur auoit encore rien refusé, les prians de continuer à faire profession d'honneur, seul poinct d'auoir eu, & garder sa bonne grace, l'amitié qu'il leur portoit les en faisoit aduertir & admo-

G

nefter de bonne heure, afin que luy & eux ne tombaſſent en mal qu'il vouloit éuiter : Ces propos m'a recitez plus d'vne fois feu Meſſire Adrian de Monberon Sieur d'Archiac, qui eſtoit l'vn des fauoris dudit Roy, duquel la prudence en ieuneſſe ne peut aſſez ſe loüer. Admirable & ſalutaire conſeil, ô pieuſes & ſages remonſtrances émanées d'vne pure & nette conſcience, & d'vn ſolide iugement, où la bigoterie ne fardoit point les apparences, ô tres-excellent Charles, que vos Suiets eſtoient heureux de viure ſous les auſpices d'vn ſi bon Prince ! Le meſme du Tillet rapporte en meſme lieu le Teſtament de l'Admiral de Grauille, bien different de ceux que nous voyons à preſent, & que le Duc de Bourgogne Philippes n'euſt non plus digeré que celuy d'Oliuier de Cliſſon, mais il fut ſur-nommé le Hardy.

Iacques de Pons, premier Marquis de la Caze, Baron de Mont-Gaillard, &
Ancos, de Roquefort de Marſan & de ſainct Go en partie, & de Thors,
Conſeiller du Roy en ſes Conſeils d'Eſtat & Priué.

FVt conioint par mariage auec Damoiſelle Iudith de Monberon fille de haut & puiſſant Meſſire Iean de Monberon Cheualier Seigneur de la Baronnie de Thors, & de haute & puiſſante Dame Gabrielle de Pierre-Buffiere par contract retenu par Fallelour Notaire Royal le 19. May 1581. dont nous rapporterons les principalles clauſes.

Sçachent tous preſens & aduenir qu'au traité & prolocution de Mariage à faire & lequel au plaiſir de Dieu, s'accomplira ſelon la forme des Egliſes reformées de France, de haut & puiſſant Iacques de Pons Seigneur de la Caze fils naturel & legitime de feu haut & puiſſant Pons de Pons Cheualier : Et de Dame Françoiſe de Marſan Seigneur & Dame de la Caze, Mongaillard & en partie de Roquefort de Marſan : Auecques haute & puiſſante Iudith de Monberon Dame de Thors, fille naturelle & legitime de haut & puiſſant Meſſire Iean de Monberon Cheualier Seigneur de la Baronnie de Thors, & de haute & puiſſante Dame Gabrielle de Pierre-Buffiere ſes peres & mere : De l'aduis, ſçauoir ledit Iacques de Pons de ladite haute & puiſſante Dame Françoiſe de Marſan ſa mere, ſuiuant ſa Procuration qu'elle en a donné à Pierre de Caumont Eſcuier Sieur Dadou & de la Harie. Et de haut & puiſſant Iean de Pons Cheualier Seigneur de Plaſſac. Et de Philippes Sieur de Pierre-Buffiere, & ladite de Monberon Dame de Thors, de ſadite mere. Apporte en faueur de Mariage ſes droits écheus par la ſucceſſion dudit Seigneur de Thors, & à écheoir par celle de ladite Dame ſa mere, & ledit Sieur de Caumont de la Harie au nom de ladite Dame de la Caze, & comme ſon Procureur inſtituë ledit Sieur de la Caze ſon fils ſon heritier en la moitié de tous ſes biens, & en tous ceux dudit feu Pons de Pons ſon pere auec ſubſtitution de ſes puiſnez en cas de predeceds ſans enfans. Les maſles preferables aux femelles, & autres clauſes portées audit contract.

Lettre de la feuë Reyne Mere à mondit feu Seigneur de la Caze.

MOnsieur de la Caze, Ie vous ay voulu faire ce mot, par l'occasion du re-tour de par delà du Sieur Cheualier, lequel en vous le rendant vous dira de nos nouuelles, & ce qui se passe par deçà : Ce qui m'enpesche de vous tenir icy plus long propos, ie sçay l'affection que vous auez toujours portée & témoigné à ce qui s'est presenté pour le seruice du Roy Monsieur mon fils ; Et ayant entiere confiance en la continuation de cette vostre deuotion en son endroit, ie ne vous en feray cy autre recommandation, pour asseurer que i'auray toujours en bonne consideration vos seruices, auec desir & intention de les reconnoistre quand l'occasion s'en presentera, ainsi que i'ay donné charge audit Cheualier de vous asseurer encore de ma part ; & me remettant du tout sur luy, ie prie Dieu, Monsieur de la Caze, vous auoir en sa sainte garde. Escrite à Tours, ce 25. Iuillet 1614. Signé, MARIE ; Et plus bas, PHELIPPEAVX. Et au dessus : A Monsieur de la Caze, Conseiller és Conseils du Roy, Monsieur mon fils.

Autre lettre de ladite feuë Reyne Mere audit Seigneur de la Caze.

MOnsieur de la Caze, Ayant entiere confiance en vostre affection & deuotion au seruice du Roy Monsieur mon fils, i'ay voulu le vous faire representer & témoigner par le Sieur de la Fontan, auquel i'ay pour cét effet donné charge de vous voir au voyage qu'il va faire par delà, & vous asseurer aussi de ce qui est de ma bienveillance en vostre endroit dont ie me remettray sur luy, comme aussi de vous dire toutes nouuelles sur ce qui se fait & passe de deçà. Et ne vous feray icy plus longue lettre, priant Dieu, Monsieur de la Caze, vous auoir en sa sainte garde. Escrite à Paris, ce 27. Avril 1614. Signé, MARIE. Et plus bas, PHELIPPEAVX.

LEdit Iacques de Pons Seigneur de la Caze fut le 20. Iuin 1614. fait Conseiller d'Estat, & retenu aupres de sa Majesté pour seruir en cette charge, par Lettres expediées à Saint Germain en Laye, & serment presté à cette fin entre les mains de Monsieur de Sillery Chancelier de France, lesdites lettres signées Louys & Phelippeaux.

Fut en 1613. aussi reconneu d'vne pension de douze cens escus sur le petit Estat de ceux de la Religion, dont le Sieur du Candal estoit payeur & Tresorier, & & de laquelle pension il a iouy sa vie durant, comme il paroist par l'Estat dudit Sieur du Candal és années 1614. 1615 1616. 1617. & 1618. que ledit Seigneur mourut ; le Breuet expedié, Signé LOVIS, & PHELIPPEAVX.

G ij

Fut auec le Sieur de Boiſſize auſſi Conſeiller d'Eſtat conjointement deputez par le Roy en 1612. pour le rétabliſſement de l'Edit de Nantés par toute la
Guyenne.

Il fut encore deputé en 1611. de l'aſſemblée tenuë à Saumur, par ceux de la Religion, le feu Marquis de Courtaumer, & autres deputez auec luy : mais luy chef
de la deputation ayant eu de ſeize voix les treize, & ledit Marquis de Courtaumer
ſon ſubſidiaire les trois autres, qui eſt vne marque de l'approbation generale de
ſa capacité & probité, & furent traitter de la part de ladite aſſemblée de Saumur,
auec le Conſeil du Roy.

Preſida en l'aſſemblée generale tenuë auſſi par ceux de ladite Religion en 1605.
à Chaſtelleraut auec tant de iugement & de ſincerité, qu'il en remporta vne ſatisfaction toute entiere, tant du Roy que de ceux de ſon party.

MOnſieur du Pleſſis-Mornay en ſon liure des Memoires & Lettres Tome
premier au Chapitre intitulé (Memoire de l'Etat du Roy de Nauarre & de
ſon party en France enuoyé au Sieur de Vvalſinghem, en May 1583. en la page
144.) parlant des perſonnes de condition & de credit qui étoient attachées au ſeruice dudit Roy de Nauarre, en chaque Bailliage & Senechauſſée il allegue &
employe ledit Seigneur de la Caze, & puis que nous en ſommes ſur Monſieur
du Pleſſis, nous alleguerons ce qu'il dit au meſme Chapitre en la page 149. Le
Baron de Plaſſac frere de Monſieur de Mirambeau. C'eſt celuy que nous trouue-
rons cy apres Iean de Pons Seigneur dudit Plaſſac à la ſuite de cette Genealogie.

Retournant à Monſieur de la Caze, ſa probité & ſa modeſtie le rendoit ſi recommandable, que lors qu'il ne penſoit qu'à paſſer ſon temps doucement auec
ſa famille, ou rendre ſes deuoirs à ſa vertueuſe Dame de Mere, bien loing de bri-
guer les emplois : Les plus conſiderables de ſa Religion & de ſa Patrie le nom-
moient & deputoient quand il ſe preſentoit quelques occurrences épineuſes pour
le bien commun ; témoin ledit ſieur du Pleſſis-Mornay en ſes Memoires, Tome 2.
en la Lettre qu'il écrit au Sieur de Lomenie, au feüillet 404. du 4. Septembre 1595.
parlant de quelques deſordres arriuez en Xaintonge entre les deux partis Catholiques & Reformés ; il dit que parmy les nommez pour la direction de ce mouue-
ment, ce Iacques de Pons Seigneur de la Caze eſt choiſi pour le party Reformé.

Témoin encore en eſt la lettre à luy écrite par la Nobleſſe de Xaintonge, Angoumois & Aunis, dont la teneur eſt,

---

MOnſieur, reconnoiſſant de longue main le zele & affection que portez à
l'auancement du regne de Dieu, & au maintien de ſon Egliſe : Nous eſtans
aſſemblés en ce lieu de Iarnac, ſuiuant ce qui a eſté arreſté, d'élire vn Gentil-homme pour aller au nom de toute la Nobleſſe des Prouinces de Xaintonge, Angoumois & Aunis, au Synode Nationnal, voyant ne pouuoir faire élection d'vn plus
digne & capable que vous. Nous vous ſupplions par cette cy nous vouloir tant
obliger

obliger que de prendre cette peine, & tous enſemble en general, & chacun en ſon particulier, vous offrons ce qui depend de nous pour voſtre ſeruice, & vous prions de nous croire pour iamais.

Monſieur,

A Iarnac, ce 3. May 1594.

Vos plus affectionnés à vous faire ſeruice, Iarnac, de la Roche-Foucauld, leſdits Sieurs de Iarnac & de Mont-Guyon, Signez au nom de toute la Nobleſſe.

LEdit Seigneur de la Caze ſeruit le Roy Henry le Grand au Siege de Paris, & au voyage du Prince de Parme, retraite du Pont Arcy & Eſchelles, & lors que ledit Prince prit Laigny à la veuë de l'armée Royalle, & en beaucoup d'autres bonnes occaſions deſpuis l'aduenement de ce Roy à la Couronne.

Sa Maieſté n'eſtant que Roy de Nauarre, luy fit l'honneur allant & venant au traicté de S. Bry, de prendre ſon logement au Chaſteau de Thors.

Il ſeruit le meſme Roy en pluſieurs occaſions, entr'autres à la priſe de Marans & bataille de Coutras, au premier deſquels lieux, apres que ſa Majeſté ſe vit la victoire aſſeurée, luy fit l'honneur de luy donner ſon épée à porter, & à l'ordre de Coutras luy fit auſſi l'honneur de le choiſir, & mettre au premier rang de ſon eſcadron, & comme il fut des derniers à reuenir de la chaſſe, il luy témoigna grande ſatisfaction de ce ſeruice, & d'autre part l'apprehenſion qu'il auoit euë qu'il fuſt mort en la meſlée, eſtant des derniers reuenu apres la victoire.

Fut nourry enfant d'honneur auec ſadite Majeſté, lors Prince de Nauarre. Pontus de Pons Seigneur de la Caze ſon Pere, eſtant gouuerneur de la perſonne de ce grand Prince,

Enfans dudit Iacques de Pons & de Dame Iudith de Monberon.

Iean Iacques de Pons ſon aiſné, à preſent Seigneur de la Caze, duquel nous auons cy deſſus parlé.

Louys de Pons, Baron de Montgaillard, mort ſans eſtre marié, en Flandres en Aouſt 1635. apres la bataille d'Auain & priſe de Tillemont où la maladie le prit.

Iullie de Pons, femme de Pierre de la Tour, Baron de Reigniez en Languedoc, le Pere duquel eſt aſſez renommé en l'Hiſtoire.

Ieanne de Pons, femme d'Iſaac de la Rochefoucauld, Seigneur de Roiſſac.

Siluie de Pons, femme de François de Fumel, Baron de Montegut en Agenois.

Gabrielle de Pons, femme de Guy de Beynac, vn des premiers Barons de Perigord.

Ledit Iacques de Pons eſtoit fils aiſné, comme dit eſt, dudit Pontus de Pons, & de Dame Françoiſe de Marſan, & eut vn frere & deux ſœurs.

Iean de Pons, Baron de Montgaillard, lequel finit honorablement ſes iours en l'âge de 22. ans ſans auoir eſté marié, en vne occaſion pres Bregerac, où il menoit les Coureurs de Monſieur le Vicomte de Turenne, depuis digne Duc de Boüillon & Mareſchal de France (non à la quinzaine) pour le ſeruice du tres-grand Henry, duquel il eſtoit aymé & eſtimé à cauſe de ſa grand valeur, & autres excellentes

H

qualitez, comme fait preuue la lettre de confolation qu'en écriuit ledit Seigneur de Turenne à Madame de la Caze fa mere, dont la teneur fuit.

Madame, C'eft aux chofes plus mal-aifées à fupporter, que Dieu monftre la force qu'il donne à ceux qu'il aime, Vous auez tant experimenté les mutations de cette vie, que ie m'affeure que vous retirerez à Dieu, pour luy depofer vos ennuis à l'occafion de la perte que vous auez faite : non vous, mais certes toute la France, en Monfieur de Montgaillard, qu'il a appellé à foy par vne arquebufade qu'il receut en menant mes coureurs en chargeant des harquebuziers, où il monftra le courage que tous les fiens ont toujours eu. Cette vie n'eft à nous que pour vn temps dont la fin nous eft inconnuë. Nous deuons & pour nous, & pour ceux que nous aymons, eftre preparez auant qu'elle arriue à la fupporter pour auoir de l'heur en ce changement, puis qu'en laiffant les miferes qui font attachées ça-bas, nous allons où toute la felicité eft affemblée. C'eft donc à vous, Madame, à vous confoler & le croire heureux, veu que toutes chofes fe font par la volonté de celuy qui les fait toujours pour noftre bien : Si nos plaintes nous les rendoient, certes ie ne penfe pas que nul me peuft égaller pour l'auoir honoré en fa vie, tout autant que ie l'euffe peu faire à vn duquel l'âge & la proximité m'euft efté paternelle. Receuez donc s'il vous plaift, mes confolations, & foyez émeuë à ne vous attrifter ; ains receuoir voftre perte auec quelque confolation, puis que fa vertu a furpaffé fa fortune : Et vous affeurez que où ie vous pourray rendre feruice, ie le feray auec autant de zele que ie vous baiferay humblement les mains, priant Dieu,

Madame, vous donner fort longue & heureufe vie,

A Bergerac, ce 24. Octobre

Voftre humble à vous faire affectionné feruice, TVRENNE.

IEanne de Pons, mariée au fieur de Boupillieres qui mourut bien ieune fans enfans.

Suzanne de Pons, vne des plus belles & fages filles de fon temps, fut particulierement fort aymée, cherie & eftimée de Madame la Ducheffe de Bar, comme il paroift par plufieurs Lettres de ladite Dame, & dont celles qui fuyuent font foy. Ladite Suzanne mourut en l'âge de dix-neuf ans fans eftre mariée.

Lettre de Madame la Ducheffe de Bar, à Madamoifelle de la Caze.

BElle Suzanne, I'ay veu hier vn honnefte homme fort pris, & qui m'a fort priée de luy faire de bons offices aupres de vous, ce que ie pretens faire par cette Lettre: car ie vous affeure qu'il eft tres-honnefte homme, & qui merite vne bonne fortune, Voyla ce que ie dis en fa faueur ; mai i'y veux adioufter mon confeil : c'eft que nous autres filles deuons bien connoiftre l'humeur d'vn homme deuant que de luy vouloir du bien , & pour cét effet il faut leur donner force peine à éprouuer leur patience en mille forte de tourmens ; s'ils s'en rebuttent , ils n'ont gueres aymé ; s'ils continuent , certes ils meritent la recompenfe que l'honneur peut permettre ; Croyez moy, c'eft comme ie viurois , & comme ie confeille de viure aux autres. Monftrez luy cette Lettre , car ie luy ay promis qu'il la verroit. Ie vous prie que voftre frere trouue icy mes recommandations , auec affeurance que ie fuis toujours fort fon amie en dépit du Lupus & de toute la Chambre des Comptes ; ie fuis bien ayfe de fa guerifon, comme ie m'en reiouïs, qu'il en face de mefme de celle de mes Parens, qui n'ont plus que la quinte, qui ne les con-treface pas en cela comme à la catte. Adieu belle , ayme moy toujours , & me crois fort ton amie, tu ne feras pas trompée ; ie me recommande à voftre mere: Pour la fin, ie te dis que ma gorge fe porte bien ; adieu encore , ayes pitié du pau-ure Iesbaam.

Ce Iesbaam eftoit le Seigneur de Vallier , Gentilhomme de douze mil liures de rente , & Pere de Madame la Marquife de Caftelnau de Chaloffe , & lequel auoit pour nom de baptefme Iesbaam , nom peu conneu.

CE pauure amoureux m'a affeurée qu'il vous verroit bien toft ; il fe perfuade que mes lettres vous le feront voir de meilleur œil : i'en feray bien ayfe , car c'eft vn honnefte homme , & qui vous ayme fort. C'eft chofe que vous pouuez mieux reconnoiftre encore que moy , voila pourquoy ie briferay là. Et me plain-dray à vous de voftre méchant frere à qui i'auois prié de me dire quand il iroit quelqu'vn à la Caze, afin que ie vous écriuiffe, il n'en a voulu rien faire, ie l'en hay bien ; il dit qu'il a encore fa fiévre , mais le iour de fon excez il ne fait que rire & caufer, a tres-bon vifage: fomme il y a plus d'apparence de mal imaginaire que de vray mal, il ne deuient point fage, i'y fais bien tout ce que ie puis , ie fais mes recommandations à voftre mere. Croyez, belle Suzanne, que ie fuis fort ton amie, & que i'ayme tout ce qui te touche. Ie voudrois que vous fuffiez icy pour voir la peine que i'ay , fi vous m'aymiez vous trouueriez bien moyen de me voir.

Ces lettres fi pleines de faueur & de familiarité témoignent la bonté de cette Princeffe, auffi la famille de la Caze eftoit comme domeftique de celle du Roy fon frere, & d'elle, depuis le temps que le Seigneur de la Caze auoit eu l'honneur d'eftre gouuerneur de ce Roy, & qu'auffi à caufe d'Izabel de Foix fa bifayeule, lefdits Seigneurs de la Caze & fa fœur auoient l'honneur d'eftre au quatriefme de-gré de cette Princeffe, comme on fera voir cy apres en l'Hiftoire genealogique de la maifon de France.

Pontus de Pons, Seigneur de la Caze , Baron de Mont Gaillard & Ancos, & de Roquefort de Marfan, & fainct Go en partie, Capitaine de cent Hommes d'Armes des Ordonnances

du Roy, Senechal des Lannes & de Marsan : Gouuerneur de la personne du tres-grand
Henry, & son Lieutenant General, & de Monseigneur le Prince de Condé protecteurs du
party Reformé es pays du haut & bas Languedoc, Querey, Roüergue, Comte de Foix,
Albigeois, Seuennes, Vellay & Pays adiacens, depuis la Riuiere du Rosne iusques à cel-
le de Garonne. Mourut en 1574. à la prise des armes du Mardy gras, par ceux de la
Religion : voicy ce que d'Aubigny en écrit en son Histoire, au liure second, feüillet 171.

EN Xaintonge où la Caze commandoit, assisté de Plassac, Montguyon,
Vsson, Bretauuille, Pontleuin & Saujon ; Plassac se saisit de Pons par les armes des habitans Reformez, Royan par vne haute & difficile escalade estant sans
garde : Tonné-Charente, par le moyen du Receueur Reformé, Talemont, de iour
par des Soldats déguisez en Meusniers, Sainct Iean Dangle par le Receueur, Rochefort par la crainte des Rochelois, Bouteuille par escalade, où il y eut quelques hommes tuez qui commençoient à y faire garde. Ce succez troublé par la
mort de la Caze, tué par des canailles qui parlementoient en vne meschante maison de village, & lesquels il vouloit sauuer. Il estoit difficile de iuger de ce person-
nage qui valloit plus en luy, la probité, le grand sçauoir, la sagesse naturelle, l'experience ou la valeur. Et pource que les autres Historiens ont écrit comment on
trouua en sa pochette la prediction de sa mort, & son Epitaphe écrit de sa main ;
i'ay pensé deuoir au plus excellent de mes Capitaines la traduction qui est en ces
termes.

> *Passant ne pleure que pour toy,*
> *Si ie passe en meilleure vie,*
> *Ie n'ay besoin de ma patrie :*
> *Mais elle aura faute de moy.*

Lettre de Monsieur de Thelligny audit Seigneur de la Caze.

MOnsieur pour n'vser de redites sur l'occasion du voyage de ce porteur sçachant bien que Monsieur l'Admiral le vous fait particulierement entendre.
Ie vous diray seulement qu'elle ne sçauroit estre si facheuse qu'encore ne nous fiit
elle receuoir du plaisir en nous donnant la peine de nous rassembler, & par con-
sequent ce bien de voir beaucoup de bons amis ensemble, car de penser que ces
gens là : separez de l'autorité du Roy nous puissent faire ny mal ne peur, quand
à moy ie ne le puis craindre ; aussi crois-ie qu'ils ne s'y attendent pas, mais seulement de faire bonne mine pour garder leur reputation brouïllonnée, de laquelle
ie pense qu'ils veulent faire leur trophée entre tous ceux qui prennent plaisir à se
tourmenter. Dieu mercy, s'ils nous font veiller, ie ne m'attens pas qu'ils dorment
à leur aize, tellement que s'ils y pensent bien, leur plus court sera de viure en patience dont ie serois bien aize, & que nous n'eussions point la peine de venir cher-
cher la fievre en la basse cour de Blois, mais que plutost vous fussiez ioüissant d'autant d'heur, de santé & de bien, comme ie vous en souhaite de toute mon affection, ie parle ainsi, pource qu'encore que cette querelle s'adresse à Monsieur
l'Admiral, ie m'asseure que vous l'aimez assez pour vouloir auoir vostre part du
passe-temps

passe-temps si les choses passent plus auant, aussi ne faudra il pas de vous en aduertir, cependant & quoy qu'il auienne, ie vous supplie de me tenir pour iamais auec
toute ma famille qui vous fait pareille requeste, bien humblement recommandez
à vostre bonne grace & à celle de Madame de la Caze, & nous prions Dieu qu'il
vous donne à tous d'eux vne bonne santé,

Monsieur, tres-contente & heureuse vie,

De Chastillon, ce 29. de Novembre.

Vostre bien humble & affectionné
à vous obeyr & faire seruice,
THELLIGNY.

La lettre de Monsieur l'Admiral ne se trouue point encore.

---

*Lettre de feu Monseigneur le Prince de Condé Henry premier du nom, audit
feu Seigneur de la Caze.*

Monsieur de la Caze, I'ay receu les Lettres que m'auez écrites, par toutes
lesquelles me priez vous excuser de ce que ne m'auez peu voir en passant
par Bourdeaux, & que sans les affaires pressées que vous auiez, vous m'eussiez at-
tendu. Croyez ie vous prie que i'ay tant d'asseurance de la bonne volonté que me
portez qu'il seroit tres-difficile de me pouuoir oster le bien que ie vous veux ; &
quand vous voudrez faire preuue de l'affection que ie vous porte, vous connoi-
strez si ie dis vray. Au reste, Monsieur de la Caze, n'estoit que vous me donnez
par vostre derniere Lettre esperance de vous voir bien-tost, ie vous eusse mandé
par cellecy l'estat de nos affaires touchant le mariage de Monsieur le Prince & le
mien : Mais i'attendray vostre arriuée pour vous dire priuément, comme à l'vn
de mes meilleurs amis, comme il va du mien, vous asseurant qu'il y a bien peu
d'hommes en ce Royaume de qui l'opinion & bon conseil me soit tant recôman-
dée. Et si vous ne venez de par deçà, ie vous en écriray bien au long : Cependant
ie vay me recommander à vostre bonne grace, auec autant d'affection que ie supplie le Createur, Monsieur de la Caze, vous donner bonne & longue vie. Du
Mont de Marsan le douziéme Mars 1572.

Et sur la suscription, A Monsieur
de la Caze, Gentil-homme ordinaire de la Chambre du Roy
& Senechal des Lannes.

Vostre entierement bon & bien
affectionné amy à iamais,
HENRY DE BOVRBON.

C'est ce Pontus de Pons, Seigneur de la Caze, que le Mareschal de Montluc
dit en ses Commentaires liure septiéme, au feüillet 177. qui surprit Aiguillon
de plein iour.

Se trouua à la bataille de Montcontour, & au Siege de Poictiers, comme le
mesme Aubigny le témoigne au liure cinquiéme, pag. 299 en ces termes. Lors
du Siege de Poictiers, Messieurs de Guise, dit-il, faisoient souuent des sorties,
sur tout du costé du Pont Achard, au village de Biar, où les Compagnies de

I

Mirambeau & la Caze, commandées par S. Seurin estoient bien releuées du pe-
ché de paresse ; On void là comme des personnes bien qualifiées tenoient à faueur
d'auoir des charges sous ces deux Seigneurs, Ce qu'ils n'eussent fait sous gueres
d'autres.

Monsieur Iacques Auguste de Thou en son Histoire, au liure cinquante-sept
de l'an 1574. feüillet 158. de la premiere edition, parle dignement dudit Seigneur
de la Caze, Homme tres-celebre, dit-il, & recommandable parmy ceux de son
party, tant pour son courage, que pour sa prudence & experience au fait des armes, A quoy il auoit ioint vne parfaite & exacte connoissance des belles lettres:
Au mesme liure pag. 151. sur l'an 1573. De plus, les Protestans tenoient sous de
fortes Garnisons, plusieurs Villes & Chasteaux dans le Languedoc, Roüergue &
Quercy, tout le Pays de Bearn suiuoit aussi leur party. Duquel la Caze de Pons
(apres que Grammont eust esté arresté prisonnier) estoit Gouuerneur, & faisoit
delà des degats & courses continuelles en Gascongne : Au liure 45. du mesme
Sieur de Thou feüillet 153. de premiere impression, sur l'an 1570 touchant l'enuoy
en Languedoc par le Roy Charles IX. des Sieurs Mareschal de Biron & de Theligny au Camp des Princes pour traitter de la Paix : Il se voit vne docte harangue
dudit Seigneur de la Caze au nom des Confederez, par laquelle ils témoignent
desirer tres-ardemment la paix, mais non sans liberté publique de leur Religion.

*S'ensuit ladite Harangue, ainsi qu'elle est couchée par Poppeliniere & Aubigny, mesme par ledit
Sieur de Thou, au liu. 45. fol. 153. de la premiere edition, sous l'an 1570. En ces mots.*

APres que lesdits de Biron & de Theligny eurent exposé leurs creances, la
Caze de Pons leur respondit au nom de tous les Confederez : Qu'ils rendoient graces immortelles à Dieu Tout-Puissant, de ce qu'il luy auoit pleu fleschir
de tous costez leurs cœurs à des conseils de Paix ; & apres Dieu, au Roy leur
Prince & legitime Seigneur, qui leur daignoit faire ressentir des effects d'vne si
particuliere bienveillance, que cependant ils supplioient sa Maiesté, auec toute
l'humilité qu'il leur estoit possible, qu'ils peussent, sous son bon plaisir, conseruer la liberté de leurs consciences, laquelle ils n'auroient pas entiere, s'ils estoient
priuez de la profession publicque de la doctrine qu'ils ont embrassée, ce qu'aussi
ne desesperent-ils pas d'obtenir de la Iustice de sa Maiesté, comme vne chose plai-
ne de raison & d'équité, & sans laquelle ils se rendroient coupables deuant Dieu
d'vne lasche & abominable trahison, & passeroient pour infames parmy les hommes ; le Roy mesme pouuant auec grande raison se defier de la foy de ceux qu'il
auroit reconnu ne l'auoir pas gardée à Dieu, & auoir preferé quelques auantages
mondains à l'exercice de leur Religion, qu'au nom de Dieu on ne les charge point
de l'enuie & de la haine que la guerre porte auec soy, n'ayant pris les armes que
contraints par vne extreme necessité, & ne les ayant encores auiourd'huy és mains
qu'à leur tres-grand regret, estants prests de les mettre bas si tost que la Paix sera
concluë à conditions raisonnables, pour la gloire de Dieu & la tranquilité publi-

que, qu'au reste ils remercioient de tres-bon cœur le Mareschal de Biron , & comme ils n'auoient pas moins de sujet de se confier au soin qu'il prend du serui-ce du Roy , & de bien esperer de la bonne affection qu'il leur témoigne, qu'ils ont eu cy-deuant occasion d'admirer sa valeur, dont ils ont souuent à leurs despens ressenty des preuues en ces dernieres guerres, aussi le coniurent-ils de continuer en ce bon dessein , & de se monstrer aussi équitable au traicté de la Paix, qu'il a toujours paru vaillant & courageux aux combats & affaires de la guerre ; ainsi fut renuoyé ledit Sieur de Biron, auec des Lettres du Prince de Nauarre & de l'Ad-miral , au Roy, à la Reyne Mere & au Duc d'Anjou , par lesquelles ils témoi-gnoient desirer tres-ardemment la Paix, mais non pas sans la liberté publique de l'exercice de leur Religion.

Lettre du Roy Henry le Grand lors Prince de Nauarre , à Monsieur de la Caze.

MOnsieur de la Caze , Ie suis maintenant en tres bonne santé, graces à Dieu, n'ayant ma cheute apporté tant de mal que de crainte à ceux qui estoient pres de moy , comme ie pense aussi que les absens en auront bien eu leur part , & que le bruit en a couru plus loing qu'à vous. La Reyne ma Mere estant des hier de retour de son voyage de Nauarreinx, & de ses autres places de ce païs, en entrepréd vn autre deliberée de partir lundy ou mardy, pour aller trouuer leurs Majestez, & moy de la conduire iusques à Nerac , esperant retourner aussi tost de par deça at-tendant de ses nouuelles , qui sont toutes celles que ie vous puis écrire de present. Et pource feray fin , en priant Dieu , Monsieur de la Caze , vous auoir en sa tres-sainte & tres-digne garde.

De Pau, ce 16. Nouembre 1571.

Vostre bien bon amy, HENRY.

Autre Lettre du mesme Roy Henry audit Seigneur de la Caze.

MOnsieur de la Caze , puis que la necessité de vos affaires vous appelle à Bour-deaux , & que vous estes là pour y pouruoir , ie suis bien d'aduis que vous ne vous en diuertissez aucunement pour mon occasion ceremoniale qui maintenant se presente. Ie voy bien cependant par vostre lettre la bonne volonté que vous aués en mon endroit, de laquelle ie vous remercie bien fort, estant certain & asseu-ré que vous me le ferez toujours paroistre en quelque bon effet, aussi pouuez vous croire que vous trouuerés toujours en moy la bonne volonté & affection que vous y auez de tout temps conneuë , pour l'employer en ce qui vous touchera d'aussi bon cœur, que ie prie Dieu , Monsieur de la Caze, vous tenir en sa sainte garde.

De Soz, ce 28. iour de May 1572.

Vostre bien bon amy, HENRY.

Voicy encore ce que Popeliniere dit de noſtre Seigneur de la Caze en ſon liure quinzieſme, fueillet 86. parlant du Poitou.

Qui fut occaſion à Dandelot de laiſſer à ſon depart pour executer le ſurplus (& entretenir toujours le pays en la bonne volonté des Princes) le Baron de Mirambeau, la Caze ſon frere, Ranboüiller & deux Cornettes qu'il auoit, les Regiments de Saint Megrin, La Mouſſon, & Montamar.

S'enſuit les principales clauſes du contract de Mariage dudit Pons de Pons auec Dame Françoiſe de Marſan, Dame de la Caze, la datte & nom du Notaire.

Sur le propos de Mariage d'entre Noble & Puiſſant Pons de Pons, Cheualier, fils de Haut & Puiſſant Iacques de Pons, & de feuë Dame Iacquette de Lanſac, Seigneur & Baron de Mirambeau, & des Chaſtellenies & Seigneuries d'Hiers, Plaſſac, Ambez, Vicorbiac, Mauluoiſin, Berneüil & Perguillac, demeurant au Chaſteau de Plaſſac en Xaintonge, & Noble & Puiſſante Damoiſelle Françoiſe de Marſan, Dame de la Caze, Montgaillard, & de Rocquefort de Marſan en partie : Leſquelles parties par l'aduis, deliberation, & conſeil de leurs Parens & amis; Et meſmement ledit Pons de Pons par l'auis dudit Seigneur de Mirambeau ſon pere. Et de haut & puiſſant Meſſire Louys de S. Gelais, Cheualier, Seigneur de Lanſac, Cornefou, Vernou, & de la Baronnie de la Roche-Chandry en partie Conſeillier & Chambelan Ordinaire du Roy noſtre Sire : Son Frere maternel ayant procuration dudit Seigneur de Mirambeau pour paſſer ces preſentes ; Et ladite Damoiſelle de Noble Iean de Leſignehan Eſcuyer Sieur dudit lieu & autres. En faueur duquel mariage ledit Seigneur de Lanſac, en vertu de ſadite Procuration & en ſon priué nom : Promet dans le premier de Iuillet prochain payer des biens dudit Pons de Pons à la décharge de ladite de Marſan, ſix mil liures au Seigneur de Banos: Pourquoy il tient en gage la Seigneurie de S. Go. Pour le dot de ſa femme, ſœur de ladite de Marſan, cinq mil cinq cens liures à Monſieur Maiſtre Pierre du Caſſou Conſeiller au Parlement de Bourdeaux : Pourquoy il tient en engagement la terre de Montgaillard pour le dot de noble Damoiſelle Françoiſe de Marſan ſa tante, femme du Seigneur de Chelles. Et audit de Leſignehan & autres creanciers de ladite maiſon de Marſan exprimez audit contract : Moyennant quoy la terre de Rocquefort luy demeure hypotecquée ſpecialement, meſme en cas de predecez de ladite Françoiſe de Marſan ſans enfans, icelle Seigneurie demeurera audit Pons de Pons, pource qu'il aura payé rachetable neanmoins dans ſix ans, le ſuruiuant gaignera ſur les biens du premier decedé cinq mil liures. Donnent coniontement la moitié de tout leur biens preſens & futurs au premier fils venant dudit mariage habille à ſucceder, ou à celuy de leurs enfans qui ſera par eux éleu. Fait & paſſé au lieu de Leſignehan en Agenois, le 20. May 1557. Signé, BOISSON, Notaire Royal.

Ledit Seigneur de la Caze, eſtoit fils puiſné de Iacques de Pons, Seigneur de Mirambeau, Plaſſac, Broüage, Brou, Hiers, Verneüil & Lorigniac, & de Dame

Iacquette

Iacquette de Lanſac, Dame dudit Lanſac, partie de Bourg ſur mer, S. Sauin, & le Bec d'Ambés en ſecondes nopces ; n'ayant eu qu'vn fils de ſa premiere femme, (qui eſtoit Françoiſe de Belleville, Dame de Mirambeau,) lequel mourut enfant d'honneur du Roy Henry I I. & vne fille mariée en la maiſon de Chaſteau-Boucher, qui eſt Pompadour.

Deſquels Iacques de Pons Seigneur de Mirambeau, & Iacquette de Lanſac, ſont venus trois fils ſçauoir,

François de Pons, apres la mort de Iacques ſon Pere, fut Seigneur de Mirambeau, duquel il ſera parlé cy-deſſous.

Gabriel de Pons, Cheualier de S. Iean de Ieruſalem.

Et Pontus de Pons, Seigneur de la Caze cy-deſſus mentionné.

En troiſiéme & dernieres nopces, ledit Iacques de Pons fut marié auec Catherine de Biron, tante d'Armand de Biron, Mareſchal de France, de laquelle il eut deux fils & vne fille.

Iean de Pons, Seigneur de Plaſſac & Lorignac, dont ſera parlé cy-apres.

Anthoine de Pons, Seigneur de Berneüil mort ſans enfans.

Et Anthoinette de Pons mariée en la maiſon de Linars en Limouſin.

<hr>

Iacques de Pons, Seigneur de Mirambeau, Brou, Broüage & Plaſſac,
Hiers, Berneüil & autres places.

IL fit baſtir le Chaſteau de Plaſſac, fonda la Ville de Broüage, comme dit Pope-liniere & autres Hiſtoriens, ledit Popeliniere en ſon Hiſtoire, liu 45. feüil. 374. en ces mots ; Or pour repreſenter cette place & ſon aſſiette (parlant de Broüage) c'eſt vne petite Ville de ſeptante à quatre-vingt pas en quarré : nommée Iaco-polis, du nom de ſon fondateur. Iacques de Pons qui enuiron l'an 1555. y fit édi-fier les premieres maiſons, & diſtribua les places pour y baſtir.

Ledit Iacques de Pons deuint aueugle en l'âge de trente-ſept ans, qui fut vn grand dommage pour ſa famille ; car eſtant doüé de tres-bonnes qualités, entr'au-tres d'vne force tres-grande ; il eſtoit fort aymé d'Henry ſecond, mais ſon acci-dent aueugla ſa fortune comme ſes yeux.

Sa prudence & preuoyence fut telle qu'il voulut auant ſa mort laiſſer la paix à ſes enfans, & leur oſter toute occaſion de procez & de hayne, comme paroiſt par la piece qui ſuit, de laquelle pour n'ennuyer le Lecteur, nous n'en dirons que le commencement & la fin.

Sçachent tous preſens & aduenir, comme ainſi ſoit qu'auiourd'huy ſecond du mois de Septembre l'an 1559. Haut & Puiſſant Seigneur Meſſire Iacques de Pons, Cheualier, Seigneur, Baron de Mirambeau, Hiers & Plaſſac, ayt fait partage & diuiſion de tous ſes biens, entre Meſſieurs ſes enfans pour lequel entretenir & nourrir paix & amitié Nobles & puiſſans, François, Gabriel, & Pons de Pons, enfans dudit Haut & Puiſſant Seigneur de Mirambeau, & de feu Haute & Puiſſan-te Dame Iacquette de Lanſac leur mere, ont accordé & tranſigé entr'eux ce qui

s'enfuit , & pource faire en prefence de moy Notaire Royal foufcrit iuré fous le
feel étably aux contracts à Xaintes pour le Roy noftre Sire ; & en prefence des témoins bas nommez ont efté prefens établis en droict lefdits Nobles & Puiffans
François, Gabriel , Cheualier de l'Ordre de S. Iean de Ierufalém, & Pons de Pons
demeurans; Sçauoir ledit François au lieu de Charon en Aulnis , ledit Gabriel
au Chafteau de Plaffac, & ledit Pons de Pons au lieu de la Caze en Gafcogne,
lefquels , &c. Fait & paffé au Chafteau de Plaffac prefens témoins à ce requis
Bertrand de Mongueral , & Antoine Vaffon Efcuyers y demeurans à prefent, &
Maiftre Chriftofle de Poy Procureur d'Hiers & y demeurant , le fecond iour de
Septembre l'an mil cinq cens cinquante neuf; Ainfi Signé au Regiftre François de
Pons, Gabriel de Pons, Pons de Pons , B. de Mongueral, à Vaffon & C. de Poy.
Extraict du Regiftre. I. Triffe Notaire Royal.

La prefente coppie a efté vidimée & collationnée fur vne groffe en papier par
moy Notaire Royal en Xaintonge, reffort de S. Iean d'Angely ; Ce requerant
Haut & puiffant tres Noble Meffire Iean Iacques de Pons , Cheualier, Seigneur,
Marquis de la Caze, qui a declaré auoir retiré ladite groffe du trefor du Chafteau
de Mirambeau entre les mains duquel elle eft demeurée. Fait le feiziéme Decembre mil fix cens quarante-cinq. Signé , YY. D E P O N S. Et Rancouneau
Notaire Royal.

Il eftoit fils puifné de François de Pons Comte de Monfort , & de Marguerite de Coitiuy , fille d'Oliuier de Coitiuy Comte de Taillebourg, Senefchal de
Guyenne, (& frere de Pregent de Coitiuy Admiral de France) & de Marie de
Valois fille naturelle du Roy Charles VII. & de la belle Aignez ; Laquelle Marie
par Lettres Patentes du Roy fon Pere, données à Vandofme en Nouembre 1458.
il auoüa fa fille naturelle, luy donnant le furnom de Vallois, & luy permit & à fes
fucceffeurs ; porter les Armoiries de France, à la difference de la bande telle qu'enfans naturels doiuent & ont accouftumé porter.

Eftoit à caufe d'Ifabel de Foix fa grand mere , & de Marguerite de Coitiuy fa
mere, Coufin mué de germain d'Henry d'Albret Roy de Nauarre, de Louys
Roy d'Hongrie, de Charles II. Duc de Sauoye , de la Reyne Claude époufe du
Roy François I. de Renée de France Ducheffe de Chartres , époufe de Herculez
Defte Duc de Ferrare, d'Anne Imperatrice femme de Ferdinand premier du nom
Empereur , frere de Charles V. de Suzanne Ducheffe de Bourbon époufe de ce
magnanime Charles de Bourbon tué à la prife de Rome.

*François de Pons , Comte de Montfort , Prince de Mortagne , Seigneur des Châtellenies d'Hiers,
Brou & Broüage. Voicy que nous trouuons de luy.*

PRemierement , Que c'eft luy , non fon pere, qui affifta aux Eftats de Tours
peu apres l'auenement à la Couronne de Charles VIII. aufquels Eftats ledit
Seigneur tint vn des premiers rangs , quoy que Guy Sire de Pons fon pere fuft viuant ; Cela fe voit en vn liuret intitulé les Eftats tenus à Tours fous Charles VIII.

Belleforeſt en fait auſſi mention en ſon Hiſtoire, mais il confond les rangs qui ſont mieux & ponctuellement obſerués audit liuret : Secondement, dans les preuues qu'Anthoine Sire de Pons fit lors qu'il fut receu Cheuallier du S. Eſprit : Philippes Cardinal de Lenoncourt, & le Seigneur de Chauigny Commiſſaires établis par le Roy pour cét effet, & les preuues receuës le dernier Decembre 1578. Signées Delaubeſpine : Diſent que ce François de Pons fit loüable preuue de ſa valeur aux batailles de S. Aubin, & de Fornoue, mais comme i'ay proteſté de dire vray, ie ne l'ay trouué que là.

Le ſuſdit François de Pons, premier du nom, Comte de Monfort, mourut auant Guy Sire de Pons ſon Pere, eſtoit à cauſe d'Iſabel de Foix ſa mere, Couſin Germain de François Phebus Roy de Nauarre, & de Catherine de Foix Reyne de Nauarre, femme du Roy Iean d'Albret, de Gaſton de Foix Vicomte de Narbonne & Duc de Nemours, qui gagna la bataille de Rauenne, de Germaine de Foix, femme de Ferdinand Roy d'Arragon, Grand-pere de l'Empereur Charles V. d'Anne Ducheſſe de Bretagne Eſpouſe premierement de Charles VIII. puis de Louys XII. Roys de France, eſtoit auſſi mué de Germain de Marie de Foix Reyne de Hongrie & de Boheme, femme de Vvaladiſſaus.

Ce François de Pons quoy qu'enfant de famille eſtoit aſſez puiſſant, & auoit l'inclination digne de la grandeur de ſa maiſon, comme il paroiſt par la liberalité dont il vſa à l'endoit d'vn bon & affectionné ſeruiteur de ſes predeceſſeurs, Gentilhomme qui a laiſſé des ſucceſſeurs qui n'ont point degeneré, dont l'aiſné Sieur de Pauquaire demeurant aupres de Pons a aydé le Seigneur de la Caze de la piece qui ſuit, de laquelle nous n'employrons icy que la ſubſtance.

Nous François de Pons, Cheuallier, Seigneur de Montfort, Prince de Mortagne, & de la terre & Seigneurie d'Hiers. Sçauoir faiſons à tous ceux qui ces preſentes Lettres verront & orront, comme ayant conſideration aux bons & agreables ſeruices que par cy deuant a fait à noſtre tres honoré & douté Seigneur & pere le Sire de Pons, Vicomte de Turenne, & à nous, & qu'eſperons que nous fera au temps à venir noſtre cher & bien aymé Robert Pauquaire, Eſcuyer ; de la preuue deſquels l'auons déchargé & releuons par ces preſentes, à iceluy Pauquaire auons donné & donnons quinze liures de Marais ſalans, eſtant en deux pieces auec leurs appartenances ſituées en noſtre dite terre & Seigneurie d'Hiers, &c. A la charge de foy & hommage lige, & iceux tenir de Nous au deuoir d'vne longe de ſoye pour eſperuier, à muance de Seigneur ſeulement, & lequel foy & hommage preſentement il nous a fait, &c. En témoins de ce auons ſigné ces preſentes de noſtre main, & ſeelées du ſeel de nos Armes, le 16. iour de Iuillet l'an 1493. Ainſi ſigné, FRANCOIS DE PONS, & ſeelée.

Collationné à l'Original par Pierre & Preuoſt Notaires, ce requerant ledit Seigneur de la Caze.

Ce don qui eſt de douze ou quinze mille francs, témoigne non ſeulement ſon oppulance & liberalité, mais ſa reconnoiſſance, s'il viuoit trouueroit bien étrange qu'vn Fils de France euſt ſi mal reconneu dix-ſept ans de ſeruice, & trois ans de prifon, comme fon Alteffe Royalle a fait au Seigneur de la Caze, auquel il n'a pas donné en toute fa vie la valeur de ce que François de Pons a fait audit de Pauquaire tout à vne feule fois.

Ledit François de Pons époufa, comme dit eft, Margueritte de Coitiuy, le frere de laquelle fut Charles de Coitiuy Comte de Taillebourg qui époufa Ieanne d'Orleans fille de Iean d'Orleans, Comte d'Angoulefme & Tante de François premier, par confequent l'alliance à la principauté Royalle fe trouue là affez pres.

Defdits François de Pons & de Marguerite de Coitiuy font iffus deux fils & vne fille.

François fecond du nom Sire de Pons, dont fera parlé cy-apres.

Iacques de Pons Seigneur de Mirambeau, dont eft fait cy-deffus mention.

Lucreffe de Pons mariée à Charles Defpinay Seigneur d'Vffé.

Guy Sire de Pons, Comte de Montfort, Marennes, Vicomte de Turennes, de Riberac, & Carlus,
Seigneur des Ifles & Chaftellenies d'Olleron, Aruert, Broüage, Hiers,
Plaffac, & Chefoubs & autres places.

IL eftoit Coufin Germain du Comte de Candalle, eftoit auffi à caufe de Marguerite de la Trimoüille fon ayeulle Coufin mué de Germain de Iean Duc d'Albanie, Vice-Roy & Regent d'Ecoffe, d'Anne Comteffe de Boulogne, d'Auuergne, & Lauraguais femme de Laurans de Medicis Duc d'Vrbin, mere de Catherine de Medicis Reyne de France. Il époufa par difpence obtenuë du Pape Pie II. à la follicitation de Pierre Cardinal de Foix, & Euefque d'Ayre, Ifabel de Foix fa Coufine muée de Germain, fille de Gafton IV. du nom, Comte de Foix, Bigorre, Seigneur de Bearn, & de Leonor d'Arragon Reyne de Nauarre, & fœur de Gafton de Foix Prince de Viane, mary de Madame Magdelene de France, du fufdit Cardinal, de Iean de Foix Vicomte de Narbonne, de Marie de Foix, femme de Guillaume Marquis de Montferrat, de Ieanne, femme du Comte d'Armagnac, de Marguerite, femme de François Duc de Bretagne, laquelle Marguerite fut mere d'Anne de Bretagne, femme defdits Charles & Louys Roys de France. C'eft de ce Guy Sire de Pons, dont les Sieurs de Sainte-Marthe, en l'Hiftoire Genealogique de la maifon de France, en l'Eloge de Charles VIII. au feüillet 226. parlent & difent, La Guyenne n'eftoit lors bien affeurée au feruice de Charles, qui refolut d'y defcendre luy mefme. Sa prefence fut comme vn Soleil qui diffipe l'obfcurité des plus épais nuages, car en peu de temps il fe rendit maiftre de Xaintes, puis de Blaye, où s'eftoit renfermé le Senefchal de Carcaffonne, frere du Comte de Comminges, tous deux Partifans des Princes Confederez, Il fut contraint de rendre cette place, & le chafteau Trompette de Bourdeaux, Fronfac, la Reolle, d'Axs, auec le chafteau de Bayonne. En forte que le Comte d'Angoulefme & le Sire de Pons, voyans tant d'heureux fuccez, furent contraints de fe rendre auffi au Roy. Cela fait voir en quelle cathegorie il eftoit en ce temps, & qu'auffi

mal-aifement

mal-aifément les perfonnes de grand cœur & naiffance, demeurent fans reffenti-
ment des mépris ou outrages.

Suit encore vne donation faite par ce Guy de Pons à Robert Pauquaire, Efcuyer, dont les principales claufes font.

Guy Seigneur de Pons, & Vicomte de la Vicomté de Turenne en partie, à
tous ceux qui ces prefentes verront & orront, Salut : Sçauoir faifons qu'auiour-
d'huy en la prefence, & du confentement & expreffe volonté de noftre tres cher
& amé fils Meffire François de Pons, Chevalier, Seigneur de Monfort, de noftre
bon gré & volonté, & certaine fcience & pource que tres-bien nous a pleu & nous
plaift, ceffant toute mechination & deception. Auons donné, octroyé, cedé &
tranfporté, & par ces prefentes baillons, donnons, octroyons, cedons & tranf-
portons à toujours & à perpetuité pour nos hoirs & fucceffeurs, & ceux qui de
nous auront droit & titre au temps à venir. A noftre cher & amé Robert Pauquaire Efcuyer, noftre feruiteur prefent acceptant & folemnellement ftipulant,
pour luy, fes hoirs & fucceffeurs, & pour ceux qui de luy auront droit, titre &
caufe au temps à venir : c'eft à fçauoir vne piece de bois, affize en la Parroiffe
d'Hainps diocez e de Xaintes, &c. Et icelle piece de bois, ledit Pauquaire & les
fiens fufdits tiendront de nous dorefnauant à perpetuité, à hommage lige, & au
deuoir d'vne longe de foye à efparuier à muance de Seigneur quand le cas aduien-
dra : lequel hommage il nous a fait ainfi qu'il appartient, & à iceluy nous l'auons
receu, & auffi nous a payé ledit deuoir, & l'en auons quitté & quittons par ces
prefentes, &c. En témoins de ce, & pour plus grande fermeté, nous luy auons
donné & octroyé par ces prefentes lettres fignées de noftre main, & du Notaire
de bas nommé à Monfort, le fixiefme du mois de Iuillet l'an 1502. En la prefence
d'honnorable homme Iean de Iean de Sainct Moris, Protonotaire, de Meffire
Arnauld Bonx Preftre, & Guillaume Desbarre ainfi figné en l'Original, Guy de
Pons, & par commandement de par mondit Seigneur Dechanbot, Preftre &
Notaire public, &c.

La prefente copie a efté par nous Notaires fous-fignez, vidimée & collationnée à fon vray original, qui nous a efté reprefenté par Haut & Puiffant, Tres-No-
ble Iean Iacques de Pons, Seigneur, Marquis de la Caze, Baron de Thors & autres
places, par deuers lequel ledit original eft demeuré. Fait à Thors, le 22. iour de
Iuin 1645. Signé, YY. de Pons, & Hillaire & Preuoft Notaires à Thors.

Les enfans de Guy de Pons & d'Izabel de Foix, furent François de Pons, Comte de Montfort cy-deffus mentionné.

Antoinette fa fille aifnée, qui fut mariée à Antoine de la Tour, Vicomte de Limeuil & de Turenne en partie, ladite Antoinette eut en mariage la portion du
Vicomté de Turenne, qui eftoit à fon Pere, le Comté de Montfort en Perigord,
& S. Pierre d'Olleron, lequel S. Pierre ledit Vicomte de Limeuil vendit aux pre-
deceffeurs des Sieurs d'Alefme, dont ils ont les Contracts, & en iouïffent encore.

Ieanne feconde fille dudit Guy fut mariée à Odet d'Aidie frere puifné d'Odet

d'Aidie Comte de Comminge, elle eut en mariage les Vicomtés de Riberac, &
de Carlus, situées en Perigord.

Voicy comme les Sieurs de Sainte Marthre, parlent de ce Guy de Pons dans
leurdite Histoire Genealogique de la maison de France Tome premier en l'Eloge
de Blanche d'Eureux Reyne de Nauarre, au feüillet 699. en ces mots.

Leonor d'Arragon Reyne Nauarre femme de Gaston, Comte de Foix, IV. du
nom, aussi Comte de Bigorre & Seigneur de Bearn ; duquel estant vesue, le
Royaume de Nauarre luy escheut, son Regne dura peu, estant decedée à Tudel-
le en Auril 1479. laissant 4. fils & 6. filles : Sçauoir.

1.   Gaston de Foix Prince Viane.

2.   Iean de Foix Vicomte de Narbonne : la posterité duquel se verra cy-apres.

3.   Pierre de Foix Cardinal, Euesque de Vanes, puis d'Ayre mourut à Rome.

4.   Iacques de Foix deceda sans auoir esté marié.

1.   Marie de Foix, femme de Guillaume Paleologue Marquis de Monferrat.

2.   Ieanne de Foix femme de Iean V. du nom, Comte d'Armagnac, n'eut enfans.

3.   Marguerite de Foix femme de François II. du Nom, Duc de Bretagne,
fut mere d'Anne Duchesse de Bretagne, Reyne de France.

4.   Catherine de Foix, Comtesse de Candale eut des enfans cy apres mentionnés.

5.   Leonor de Foix mourut ieune.

6.   Isabel de Foix, femme de Guy Sire de Pons, Comte de Marennes, leur posterité se verra cy-apres.

Gaston de Foix Prince de Viane, épousa Magdelene de France, fille du Roy
Charles VII. & mourut à Libourne l'an 1470. viuant son pere ; laissant deux enfans, vn fils & vne fille ; Sçauoir,

François Phœbus de Foix qui fut Roy de Nauarre apres le decez de son ayeule
paternelle Leonor d'Arragon, & outre fut Comte de Foix, Prince de Bearn, par
la succession de Gaston quatriéme son ayeul, mourut sans auoir esté mariée 1483.
âgé de seize ans.

Catherine de Foix Reyne de Nauarre, Comtesse de Foix, & Princesse de Bearn,
apres François Phœbus son frere, épousa Iean d'Albret, qui fut Roy de Nauarre à
cause d'elle decedée l'an 1517. De leur mariage sortirent plusieurs fils & filles, la
pluspart decedez en bas âge ; De ceux qui vinrent en âge furent,

Charles d'Albret mort au voyage de Naples 1527.

Anne d'Albert femme de Charles de Foix, Comte d'Estrac, fils du Comte
de Candale.

Isabel d'Albret, femme de René, Vicomte de Rohan, dont la posterité est cy-
deuant desduite au liure quatriéme de cette Histoire.

Quitere d'Albret Abbesse de Preüillan.

Henry d'Albret Roy de Nauarre Prince de Bearn, Duc d'Albret, Comte de
Foix d'Armagnac, & de Bigorre, épousa Marguerite de Valois sœur de François
I. du nom, Roy de France, & en eut,

Ieanne d'Albret Royne de Nauarre, femme d'Antoine de Bourbon Duc de

Vandofme Roy de Nauarre à caufe d'elle, duquel mariage fortit le feu Roy Henry le Grand.

Iean de Foix Vicomte de Narbonne, fecond fils de Gafton quatriéme, Comte de Foix, & de Léonor d'Arragon Reyne de Nauarre, eut de Marie d'Orleans, fœur du Roy Louys XII. vn fils & vne fille ; Sçauoir,

Gafton de Foix Duc de Nemours, tué à la Bataille de Rauenne l'an 1512. fans auoir efté marié.

Germaine de Foix Reyne d'Efpagne, feconde femme du Roy Ferdinand V. puis de Ferdinand d'Arragon, Duc de Calabre, fils de Frideric Roy de Naples.

Comtes de Candale. De Catherine de Foix, Comteffe de Candalle, quatriéme fille de Ga-fton IV. Comte de Foix, & de Leonor Reyne de Nauarre, & de fon mary Iean de Foix, Comte de Candale, font iffus quatre fils & vne fille : Sçauoir,

1. Gafton de Foix troifiéme du nom, Comte de Candale.

2. Iean de Foix Vicomte de Meille, & Seigneur de Gurfon eut lignée cy-apres feduite.

3. Iean de Foix, Archeuefque de Bourdeaux.

4. Pierre de Foix, Seigneur du Pont.

1. Anne de Foix femme de Ladiflas Roy d'Hongrie & de Boheme, fut mere d'Anne Reyne d'Hongrie & Boheme, femme de l'Empereur Ferdinand.

Gafton de Foix, Comte de Candale troifiéme du nom, époufa Marthe Com-teffe Deftrac, & en eut cinq fils & vne fille.

1. Charles de Foix mort ieune au voyage de Naples.

2. Frideric de Foix Comte de Candale.

3. Chriftophle de Foix, Euefque d'Aire.

4. François de Foix, auffi Euefque d'Aire apres fon frere, Prelat doüé d'vn rare fçauoir, principalement aux Mathematiques.

5. Pierre de Foix.

6. Charles de Foix Seigneur de Ville-franche, pere de Gafton de Foix qui a eu pour fille Marie de Foix, femme de Guy d'Aidie, Vicomte de Riberac.

Frideric de Foix Comte de Candale, fut marié à Françoife de la Roche-Fou-cault, & en a eu vn fils & vne fille ; Sçauoir,

Henry de Foix Comte de Candale.

Diane de Foix femme de Louys de Foix fon Coufin, Vicomte de Meille.

De Henry de Foix, Comte de Candale & de Marie de Montmorancy, eft iffuë.

Marguerite de Foix, Comteffe de Candale, femme de Iean Louys de la Valet-te, Duc d'Efpernon, Pair & Colonel de France, qui a eu pour fils aifné Henry de Foix Comte de Candale.

Iean de Foix Vicomte de Meille & Seigneur de Gurfon, fils puifné de Iean de Foix Comte de Candale, époufa Anne de Ville-neufue & en eut vn fils & vne fille ; Sçauoir,

Gafton de Foix Vicomte de Meille & Comte de Gurfon.

Françoife de Foix femme de Claude de Sauoye Comte de Tende.

Gaston de Foix Vicomte de Meille & Comte de Gurson, épousa Louyse de Pellegruë & en eut vn fils, & en secondes nopces Marguerite Bertrand, de laquelle il eut aussi des enfans.

Frideric de Foix issu du premier lit prit qualité de Marquis de Trans, & mourut sans enfans.

Louys de Foix Comte de Gurson & Vicomte de Meille.

De Louys de Foix Comte de Gurson, & de Dianne de Foix sa Cousine fille de Frideric Comte de Candale, sont issus plusieurs enfans, entr'autres.

Frederic de Foix Comte de Gurson, qui a épousé Charlotte de Caumont fille de François de Caumont, Comte de Lauzun, dont il a eu son fils Gaston de Foix & deux filles.

Gaston de Foix Comte du Fleix decedé sans enfans, Marguerite de Foix femme d'Armand d'Aidie Comte de Riberac.

Françoise de Foix Abbesse de Xaintes.

<table><tr><td>Sires de
Pons.</td><td>Isabel de Foix sixiéme fille de Gaston quatriéme du nom, Comte de Foix & de Leonor d'Arragon Reyne de Nauarre, épousa Guy Sire de</td></tr></table>

Pons Comte de Monfort & de Marennes, dont sortirent vn fils & deux filles; Sçauoir,

François de Pons Comte de Montfort.

Anthoinette de Pons femme d'Anthoine de la Tour, Vicomte de Turenne, leurs enfans se verront cy-apres.

Anne de Pons femme d'Odet d'Aidie, Vicomte de Riberac, leur posterité est cy-apres deduite.

François de Pons, Comte de Monfort, mourut auparauant Guy Sire de Pons son Pere, & laissa de Marguerite de Coitiuy sa femme, fille d'Oliuier de Coitiuy & de Marie de Valois, deux fils & vne fille, sçauoir;

François Sire de Pons, Comte de Marennes.

Iacques de Pons, Baron de Mirambeau.

Lucresse de Pons femme de Charles Despinay, Seigneur d'Vsé.

François, Sire de Pons, & Comte de Marennes épousa Catherine de Ferrieres, fille de Iean Baron de Ferrieres, & en eut plusieurs enfans, entr'autres.

Anthoine, Sire de Pons, Comte de Marennes.

Iacques de Pons, Baron de Viroul, qui ne laissa enfans de Claude de S. Gelais sa femme.

Iean de Pons, Baron de Nieüil.

Charles de Pons, Seigneur de Brosses, de Bonne, Martel sa femme a laissé deux enfans, Charles de Pons mort sans enfans, & Pons de Pons, Seigneur de Brosse & de Bourg-Charante marié auec vne fille de la maison de Durfort.

Anthoine, Sire de Pons, Comte de Marennes, Cheualier des deux Ordres du Roy, a épousé Anne de Partenay, fille de Iean Larcheuesque, Seigneur de Soubize : puis en secondes nopces Marie de Monchenu, Dame de Guercheuille, il a eu des enfans de ces deux Mariages; ceux du premier sont,

François

François de Pons.

Henry de Pons.

Pontus de Pons.

Anne de Pons femme de François Martel Seigneur de Lindebeuf.

Ieanne de Pons Abbesse de Crisenon.

Anthoinette de Pons, Dame de Pons & de Marennes issuë du second lit d'Antoine, épousa Henry d'Albret Baron de Miossans, dont sont issus deux fils, Henry II. du nom, Seigneur de Miossens & de Pons; Appollo d'Albret qui est d'Eglise.

Anthoinette de Pons, Marquise de Guercheuille, aussi fille d'Antoine & de sa seconde femme a épousé en premieres nopces Henry de Silly Comte de la Rocheguyon, dont elle a eu des enfans, & en secondes nopces Charles du Plessis Seigneur de Liencourt Cheualier des deux Ordres premier Escuyer du Roy, & Gouuerneur de Paris, duquel mariage sont pareillement issus des enfans, entr'autres Gabrielle du Plessis, femme de François V. du nom, Comte de la Roche-Foucault, Prince de Marsillac.

Iudith de Pons Abbesse d'Evreux.

Iacques de Pons Baron de Mirambeau, & de Plassac, deuxiéme fils de François de Pons, Comte de Monfort, fut marié trois fois ; en premieres nopces, auec vne fille de la maison de Belleuille ; & en secondes, épousa Iacquette de Lansac, Dame de Lansac, vefue d'Alexandre de S. Gelais ; sa troisiéme femme fut Ieanne de Gontaut de Biron. De la seconde femme sont issus.

1. François de Pons Baron de Mirambeau.

2. Pontus de Pons Seigneur de la Caze, les enfans duquel se verront cy-aprés.

3. Iean de Pons, Seigneur de Plassac, lequel de Ieanne de Villers S. Paul sa femme, n'a laissé que deux filles, dont l'aisnée est Anne de Pons, femme de Iean, Seigneur de Pierre-Buffiere ; & la puisnée Ieanne de Pons femme d'Henry, Seigneur de Bonneual.

4. Anthoine de Pons Seigneur de Bernueil, mort sans enfans.

Anne de Pons mariée en la maison de Pierre-Buffiere.

François de Pons Baron de Mirambeau, fut marié quatre fois ; sa premiere femme fut Françoise Geoffroy ; la seconde Magdelene du Fou, Dame de Vigean: la troisiéme Françoise de Chabanois : & la quatriéme, Marguerite de Chasteau-neuf, de la maison de Pierre-Buffiere : ses enfans sont,

Iacques de Pons deuxiéme du nom, Baron de Mirambeau, sorty de la premiere femme.

Gedeon de Pons Baron du Vigean, né du second lit, mort ieune.

Louyse de Pons, femme de Iean de Rabaines, Seigneur d'Vsson, issuë du premier lit.

Esther de Pons, Dame du Vigean, sortie de la seconde femme de François Baron de Mirambeau, épousa Charles Poussard Seigneur de Fors, dont elle a eu plusieurs enfans, dont l'aisné à present est François Poussard Baron du Vigean.

Iacques de Pons Baron de Mirambeau, second du nom, a épousé en premieres

M

nopces Marie de la Porte : il en a eu plusieurs filles , dont l'aisnée Magdelene de Pons Dame de Mirambeau , épousa en premieres nopces Gabriel de S. Georges, Seigneur de Verac , & Baron de Coüé , duquel n'eut enfans ; & en secondes nopces Armand Descodeca Baron de Pardaillan.

Pontus de Pons Seigneur de la Caze , Senechal des Lannes & de Marsan , fils puisné de Iacques de Pons Baron de Mirambeau , premier du nom , épousa Françoise de Marsan , & en eut deux fils ; Sçauoir ,

Iacques de Pons Marquis de la Caze.

Iean de Pons Baron de Mongaillard.

Iacques de Pons Marquis de la Caze , a épousé Iudith de Monberon , fille de Iean de Monberon Seigneur de Tors , dont il a eu plusieurs enfans ; entr'autres ,

Iacques de Pons deuxiéme du nom , Marquis de la Caze.

Louys de Pons Baron de Mongaillard.

Iulie de Pons femme de Pierre de la Tour Seigneur de Regniez.

Ieanne de Pons femme de Isaac de la Roche-Foucault Seigneur de Roissac.

Siluie de Pons femme de François de Fumel , Baron de Montaigu.

Iacques de Pons II. du nom , Marquis de la Caze , a épousé Charlotte de Partenay , dont il a eu Isaac Regnaud de Pons , Pons de Pons , & Suzanne de Pons.

D'Antoinette de Pons Dame de Montfort en Perigord , fille de Guy Sire de Pons , & d'Isabel de Foix , & femme d'Antoine de la Tour , Vicomte de Turenne , & Comte de Beaufort , qui estoit fils d'Annet de la Tour , aussi Vicomte de Turenne , Comte de Beaufort , Baron d'Olierques & de Murat , sortirent deux fils & deux filles ; Sçauoir ,

François de la Tour premier du nom , Vicomte de Turenne.

Gilles de la Tour , Baron de Limueil , qui eut pour fils Galiot de la Tour , aussi Baron de Limueil.

Marguerite de la Tour , femme de Pierre de Clermont de Lodesue , Seigneur de Castelnau.

Anne de la Tour , Abbesse de Fieux.

François de la Tour premier du nom , Vicomte de Turenne , épousa Catherine d'Amboise , dont il n'eut enfans, puis Anne de la Tour fille aisnée de Geoffroy de la Tour , Baron de Mongascon , dont il eust vn fils & trois filles.

François de la Tour deuxiéme du nom , Vicomte de Turenne.

Claude de la Tour , femme de Iust , Seigneur de Tournon , Comte de Roussillon , leurs enfans se verront cy-apres.

Antoinette de la Tour , femme de François le Roy , Seigneur de Chauigny, Comte de Clinchant.

Renée de la Tour , Abbesse du Paraclit.

François de la Tour deuxiesme du nom , Vicomte de Turenne , Comte de Montfort , épousa Leonor de Montmorency fille aisnée d'Anne Duc de Montmorency, Pair & Connestable de France, & de Magdelene de Sauoye , dont il y a eu vn fils & vne fille.

Henry de la Tour, Duc de Boüillon, Prince de Sedan, Vicomte de Turenne, premier Mareschal de France.

Magdelene de la Tour, femme d'Honorat de Sauoye, Comte de Tende, n'en eut enfans.

Henry de la Tour, Duc de Boüillon, Prince de Sedan, Vicomte de Turenne, Comte de Montfort & de Negrepelisse, premier Mareschal de France, épousa en premieres nopces Charlotte de la Marck, Duchesse de Boüillon, Princesse de Sedan, fille vnique d'Henry, Robert de la Marck Duc de Boüillon, & de Françoise de Bourbon; dont n'ayant eu enfans, il épousa en secondes nopces Elizabet de Nassau, fille de Guillaume de Nassau Prince d'Orange, & de Charlotte de Bourbon, duquel mariage sont issus deux fils & plusieurs filles.

1. Frideric Maurice de la Tour, Prince de Sedan.
2. Henry de la Tour, Vicomte de Turenne.
1. Louyse de la Tour, decedée en ieunesse.
2. Marie de la Tour.
3. Iulienne.
4. Elizabet.
5. Henriette.

De Claude de la Tour, fille de François de la Tour premier du nom, Vicomte de Turenne, femme de Iust premier du nom, sont issus entr'autres ces deux enfans.

1. Iust troisiesme du nom, Seigneur de Tournon, Comte de Roussillon.
2. Iust Louys, Seigneur de Tournon, Comte de Roussillon apres son frere.

Iust troisiesme du nom, Seigneur de Tournon, Comte de Roussillon, fils aisné de Iust deuxiesme, épousa Leonor de Chabannes, fille de Charles de Chabannes Seigneur de la Pallisse, & en eut deux filles.

1. Françoise de Tournon, femme du Seigneur de Maugiron.   (Geran.
2. Anne de Tournon, femme de Iean François de la Guiche, Seigneur de S.

Iust Louys, Seigneur de Tournon, Comte de Roussillon, Baron de Chalençon, Seneschal d'Auuergne, & Bailly de Viuarais, deuxiesme fils de Iust deuxiesme du nom, Seigneur de Tournon, & de Claude de la Tour, épousa Magdelene de la Rochefoucault, fille de François, Comte de la Rochefoucault, troisiesme du nom, de laquelle il a eu entr'autres ces deux enfans.

Henry, Seigneur de Tournon, Comte de Roussillon.

Claude de Tournon, femme de Gaspard, dit Armand, Vicomte de Polignac, qui en a eu plusieurs enfans.

Anne de Pons, fille puisnée de Guy Sire de Pons, & d'Izabel de Foix, épousa Odet d'Aidie Vicomte de Riberac, Seigneur de Guitinieres & de S. Romain, frere puisné d'Odet d'Aidie Comte de Comminges, Seigneur de Lescun, Gouuerneur de Guyenne, duquel mariage sont issus quatre fils & vne fille; sçauoir,

Pierre d'Aidie Vicomte de Riberac, tué au siege de Pauie.

François d'Aidie Vicomte de Riberac.

Geoffroy d'Aidie, Vicomte de Guitinieres pere d'Anthoine, qui a eu pour fils

Anthoine d'Aidie deuxiefme du nom, Vicomte de Guitinieres.

Guy d'Aidie Euefque de Sarlat.

Françoife d'Aidie femme de François de Mortemer, Seigneur d'Auzillac; & d'eux eft iffuë Iacquette de Mortemer, femme de Louys de la Roche-Foucault, Baron de Monguion & de Montendre.

François d'Aidie premier du nom, Vicomte de Riberac, époufa Françoife de Salignac, & en eut trois fils; Sçauoir,

1.   Guy d'Aidie Vicomte de Riberac.

2.   Odinet d'Aidie mort fans enfans.

3.   Charles d'Aidie, Vicomte de Riberac.

Guy d'Aidie Vicomte de Riberac, époufa Marie de Foix, fille de Gafton de Foix, Comte de Candale & de Marthre Deftrac, & eut pour fils.

François d'Aidie deuxiéme du nom, Vicomte de Riberac, qui fut tué au combat d'entre les Seigneurs de Quelus, & de Maugeron, & ne fut marié.

Charles d'Aidie, Vicomte de Riberac, troifiéme fils de François I. du nom, & Heritier du Vicomte François II. du nom, fon neueu, époufa Ieanne de Bordeille fille d'André, Vicomte & Baron de Bordeille, & en a eu deux fils; Sçauoir,

Armand d'Aidie, Comte de Riberac, lequel de Marguerite de Foix, fille de Louys de Foix, Comte de Gurfon, & Vicomte de Meille, a eu trois fils & vne fille.

Guy d'Aidie, Seigneur des Bernardieres.

Voicy ce qui fe peut legitimement & raifonnablement adioufter par fupplément, à ce qu'en ont écrit les fufdits Sieurs de Sainte Marthe, qui ne touche qu'en paffant ce qui regarde la maifon de Pons, comme vn acceffoire; & c'eft mon principe & but, & continuant, comme nous auons commencé: mais i'ay voulu religieufement obferuer ce dont Monfieur de la Caze m'a prié & coniuré d'autorifer mon dire par des témoins irreprochables, & rien fans vne veritable verification.

Reprenons felon noftre projet aux plus proches du temps prefent en remontant, nous y adioufterons ce qui fe trouue dans l'Hiftoire, ou par lettres miffiues, ou autres inftructions veritables & auerées.

Monfieur de Tou en fon Hiftoire liure 30. en la pag. 101. en l'an 1562. dit que François de Pons, Seigneur de Mirambeau, fut enuoyé par Monfeigneur le Prince de Condé, pour commander en Chef en Xaintonge, qu'il prit Talmond fur Gironde, & puis Bourg fur Dordoigne; il eftoit en ces actions (dit le mefme Autheur) affifté d'Antoine de Pons, Seigneur de Berneüil fon frere.

Le mefme Autheur au liure 57. feüillet 158. l'an 1574. dit que Iean Seigneur de Plaffac, de l'illuftre Maifon de Pons, affiftoit Pontus de Pons Seigneur de la Caze fon frere.

Aubigni de mefme au lieu preallegué, où nous auons parlé de Pontus Seigneur de la Caze, il dit que le Seigneur de Plaffac prit Pons, & affiftoit ledit Seigneur de la Caze fon frere.

Popeliniere liure 45. feüillet 374. dit parlant de Broüage.

Toutefois

Toutefois, dit-il, ce n'eſtoit rien ou bien peu de choſe de cette place, lors qu'enuiron les troiſieſmes troubles, Mirambeau (qui eſt ce François de Pons, dont nous auons parlé cy-deſſus, & fils de Iacques qui a baſty ledit Broüage) & autres Confederez, s'aduiſerent de la faire fermer de petites tranchées & paliſſades, &c.

Et plus bas en la meſme page il eſt dit :

Depuis la Paix de l'an 1570. Mirambeau pendant les deux années de Paix, prit tout ſon plaiſir à donner les places, pour y baſtir & recueillir auec toute faueur ceux qui deſiroient s'y habituer, commençant lors à la faire enuironner du coſté d'Hiers d'vn bon foſſé, dans lequel ſe peut mettre & oſter l'eau quand l'on veut. Mais cét ouurage interrompu par la venuë du Siege de la Rochelle, il fut quelque temps apres, & meſmes durant les années 1574. & 75. ſi bien accreu, & d'artifice & de trauail, par la preſence aſſiduelle de Mirambeau (qui auoit en cela ſi bien gaigné les cœurs, non ſeulement de ſes ſujets habitans dudit lieu, mais auſſi des Iſles & Pays circonuoiſins, qu'ils ne fuyoient aucun trauail ny peine, pour enuoyer ou vacquer en perſonne aux fortifications) que le lieu fut lors reduit en vraye forme de Ville fermée de tous coſtez d'vn bon rempart & murailles, garnies de flancs & rauelins neceſſaires & bien ordonnez, auec bon nombre d'artillerie.

Et en la page ſuyuante, dit le meſme Autheur,

Car ceux de Iſles en general, ſembloient n'approuuer tout ce qui s'eſtoit paſſé pour le fait de Broüage, & ne s'y employoient que bien enuis depuis que Mirambeau s'eſtoit retiré, trouuans grandement eſtrange la mutation du gouuernement qu'ils auoient parauant accouſtumé.

Le meſme Auteur és feüillets 372. Verſ. & 373. recto.

Sur ces entrefaites le Prince aduerty que le deſſein du Duc du Maine eſtoit d'aſſieger Broüage, s'y achemine pour y donner ordre. Ce ne fut ſans cauſe, ains auec grand profit que le Prince fit ce voyage. Car toutes choſes marchoyent plus que le pas en grand deſordre, & confuſion ; Dont la cauſe principale fut ſans rechercher les autres raiſons aſſez apparentes, que tous les habitans dudit Broüage, auoient merueilleuſement à cœur que Mirambeau leur Maiſtre & Seigneur, qu'ils aimoient fort ; eut eſté à l'appetit, comme ils diſoient de quelques ſiens particuliers ennemis, chaſſé auec iniure de cette ſienne place, & eux conſequemment priuez de ſon commandement accoutumé, & de ſa preſence qu'ils regrettoient infiniment, & n'obeiſſoient comme l'on dit que de leures & par vn exterieur ſimulé au Comte de Montgommery, que le Prince leur auoit étably pour Gouuerneur. Duquel ils montroient aſſez ouuertement ne ſe contenter pas beaucoup : iuſques à demeurer fort rétifs à la pluſpart de ſes commandemens. Et ſur tout en ce qui concernoit les fortifications de la place : les droits & deuoirs qui leur auoient eſté impoſez parauant, & le magazin de viures & munitions que l'on y auoit commencé à dreſſer. En toutes leſquelles choſes ils ſe montroient de tant plus refroidis & mal affectionnez, que du temps de Mirambeau ils s'y eſtoient employez allegrement & d'vn bon courage.

N

Ce qui eſt confirmé par le Sieur d'Aubigné en ſon Hiſtoire Tome ſecond, liure ſecond chap. 14. feüillet 172. ſous l'an 1575. en ces mots.

C'eſt que Broüage augmentant toujours ſes fortifications, commençoit à ſe rendre deſirable, & le Duc de Rohan y eſtant allé y mit Gouuerneur S. Gelais, dequoy les habitans de la Ville, & meſme tous ceux des Iſles ſe mutinerent en l'abſence de leur Seigneur Mirambeau, qui eſtoit lors pres du Roy auec d'autres deputez, pour attendre les réponſes de ceux que l'on auoit enuoyez en Allema-gne ; ſi bien qu'ils prirent les armes contre la garniſon, ayans appellé Plaſſac pour faire la querelle ſienne comme pour ſon frere,

C'eſt ce qui faiſoit voir l'affection que tous ces inſulaires auoient pour leurs Sei-gneurs : Car toutes les Iſles de Xaintonge ont eſté long temps poſſedées par les Seigneurs de Pons, qui eſt à cauſe du Sel le Perou de la France, lors que Pons de Pons grand Pere de Monſieur de la Caze à preſent, épouſa l'heritiere dudit la Caze, il ſe qualifioit Monſieur d'Hiers.

Lettre de Monſieur le Mareſchal de Biron audit Seigneur de Mirambeau.

MOnſieur, I'ay receu ce matin voſtre lettre du 27. de cettuy, bien marry que n'ayez receu vne mienne precedente, par laquelle vous fai-ſois entendre le deſir & beſoin qu'eſtoit que nous communiquions enſemble, ayant receu pluſieurs depeſches du Roy communes, encore depuis que ie ſuis en campagne, i'en ay receu vne bien ample & importante, ſur ce qu'il a eſté aduerty de ce qui s'eſt paſſé à la Rochelle, me recommandant courre ſus à ceux qui vou-droient entreprendre telles choſes, & contreuenir à ſes Edits, & troubler le pu-blic ; Monſieur du Montier vous dira ce qu'il en a entendu dauanrage, par lequel vous euſſe écrit, ſi i'euſſe ſceu, auant ſon partement que fuſſiez en Aunix ; il eſt tres=neceſſaire que ie vous voye, & communiquions enſemble pour le repos pu-blic & ſeruice du Roy ; vous aduiſerez où ſera le plus de commodité. Ie m'en vay demain à Saint Iean, ie ne bougeray que Dimanche pour le plus toſt ; il eſt mal-aiſé de pouuoir mettre par écrit, ou à repreſenter ce qui eſt neceſſaire, & auſſi vn particulier ne prend ny ne conçoit les affaires ; Monſieur du Doüet eſt icy, nous faiſons le mieux que nous pouuons. Quand à ce qui s'eſt paſſé de Monſieur de Ruffec, c'eſt vne opinion particuliere, il a relaſché ceux qu'ils auoient mis pri-ſonniers. Par la derniere depeſche du Roy il m'a mandé ou commandé de ne bou-ger de ce pays : mais c'eſt tres-inſtamment, combien que ie luy ay ſupplié de per-mettre de m'en aller à Biron faire mes petites affaires, mais quelque refus qu'il fait, ie m'en iray en ce mois de Fevrier en Perigord, & de là aux bains, & me veux dé-charger de cette charge, & ne voulois aller à la Cour ſans ſçauoir, & ce pour en dire ma raſtellée, & vous écrirois pour entendre ſi l'homme que vous auez veu auparauant que fuſſiez à Xaintes eſtoit en ce pays, le Roy eſtoit à Chantilly le 22. de cet-tuy, & s'en alloit à Saint Germain en Laye pour entendre toutes plaintes ; le bruit

qu'il iroit à Orleans, mais il ne bougera s'il croit le commun de la Cour. Esperant
sçauoir bientost de vos nouuelles, ce que ie vous supplie; feray fin, me recommandant bien affectueusement à vostre bonne grace; priant le Createur qu'il vous
doint, Monsieur, bonne, saincte & longue vie. De Xaintes, le dernier de l'an.

> Vostre affectionné & obligé Cousin à vous
> faire seruice, BIRON.

Lettre de Monsieur de Rohan audit Seigneur de Mirambeau.

MOnsieur, Ce m'eust esté fort grand plaisir, si estant venu en Broüage, vous
eussiez peu prendre le loisir de donner iusques en ce lieu, pour le contentement que i'eusse receu de vous y voir, & entendre de vous particulierement
comme toutes choses passent d'où vous venez; mais puis que la commodité de
vos affaires ne l'a peu permettre, il n'estoit besoin d'en faire de si grandes excuses,
ny pareillement que par la lettre que i'ay receu de vous du vingtiéme de ce mois,
vous me sissiez tant de remerciment pour si peu de chose que i'ay faite, qui est des
moindres que ie voudrois faire pour vous, vous suppliant me faire ce bien que de
vous asseurer de mon amitié; & qu'en tous lieux où i'auray moyen de vous en faire sentir les effets, vous me trouuerez toujours autant à vostre commandement, &
pour vous obeyr & seruir, qu'amy que vous ayez en ce monde, estant bien marry
qu'en meilleure occasion que celle qui est cy deuant offerte, ie ne vous en puis
faire plus ample demonstration; Mais ce sera où il plaira à Dieu m'en donner le
moyen; lequel ie supplie
   Monsieur, Apres m'estre tres-humblement recommandé à vostre bonne grace, vous donner en santé heureuse & longue vie. De la Rochelle ce 22. Fevrier
1576.

> Vostre humble & obeyssant à vous seruir,
> RENE' DE ROHAN.

EN ce temps la France estoit si agitée de tant de troubles pour le fait de la Religion, que le plus souuent les familles estoient diuisées, & quelquesfois si ani-
mées les vnes contre les autres, que c'estoit à pis faire, comme l'Histoire de ce
temps là le fait assez voir, d'autres se faisoient offices de parens & amis, comme il
se voit par la Patente qui suit.

NOvs Louys de S. Gelays, Seigneur de Lanssac, Cheualier de l'Ordre,
Conseiller au Conseil Priué du Roy, & Capitaine des cent Gentils-hommes de sa Maison; Prions & supplions tous Gouuerneurs & Capitaines, & Conducteurs de Gens de Guerre, que passans par le Pays de Xaintonge, ils veulent
auoir les maisons, terres, & sujets de Monsieur de Mirambeau, nostre frere, en
aussi bonne & singuliere recommandation qu'ils voudroient auoir les nostres,

dont nous en aurons pareille obligation ; Promettans nous en reuancher en tous les endroits où nous en aurons le moyen. Fait à Paris le premier iour d'Avril 1568. LOVYS DE SAINT GELAYS.

Ledit Seigneur de Lanſac eſtoit frere vterin des Seigneurs de Mirambeau & de la Caze, il eſtoit fils de Iacquette de Lanſac & d'Alexandre de S. Gelays ſon premier mary.

Sauuegarde du Roy pour Monſeigneur de Mirambeau.

A Tous nos Lieutenans Generaux, Gouuerneurs, Baillifs, Seneſchaux, Preuoſts, Capitaines, Chefs & Conducteurs de nos Gens de guerre, tant de cheual que de pied, de quelque langue & nation qu'ils ſoient, Meſtres de Camp, Mareſchaux, Fourriers, & tous nos autres Officiers & Sujets, & à chacun d'eux, ſi comme à luy appartiendra, & auſquels ces preſentes ſeront montrées, Salut : Deſirant fauorablement traiter noſtre Amé & Feal Gentilhomme ordinaire de noſtre Chambre, François de Pons, Sieur de Mirambeau, & le laiſſer viure en toute ſeureté & liberté en ſes maiſons, ſans eſtre recherché ne moleſté, ſous l'aſſeurance qui nous a eſté donnée qu'il s'y contiendra doucement. Pour ces cauſes, Nous vous deffendons tres-expreſſement, & ſur tant que craigniez nous deſobeïr ; que és Maiſons, Chaſteaux, Villages, Terres & Seigneuries appartenant audit Sieur de Mirambeau, vous n'ayez à loger, ne ſouffrir loger aucun de noſdits Gens de guerre, y prendre, enleuer ne fourrager aucuns bleds, vins, pailles, foins, auoines, chairs, lards, volailles, ne autres choſes quelconques, ſans le gré & conſentement de luy & de ſes Fermiers & Receueurs, leſquels, enſemble leurs femmes, enfans & famille, Nous auons pris & mis, prenons & mettons en noſtre protection & ſauuegarde ſpeciale. Et là où aucuns la voudroient enfraindre, faites en faire prompte punition, que chacun y prenne exemple, & le tout reparer & remettre au premier eſtat & deu. Et afin que perſonne n'en pretende cauſe d'ignorance, ledit Sieur de Mirambeau pourra, ſi bon luy ſemble, faire mettre & appoſer en tels lieux & endroits de ſeſdites maiſons qu'il aduiſera, nos Panonceaux & Baſtons Royaux. Et pource que de ces preſentes il pourra auoir affaire en pluſieurs & diuers lieux, Nous voulons qu'au vidimus d'icelles, fait par l'vn de nos Amez & Feaux Notaires & Secretaires, ou ſous-ſeel Royal, foy ſoit adiouſtée comme au preſent Original ; CAR tel eſt noſtre plaiſir. DONNE' à Paris le 2. iour de Septembre l'an 1572. Ainſi ſigné, CHARLES. Et plus bas : Par le Roy, BRVSLART. Et ſeellé en cire rouge, & du ſeel & Armes dudit Seigneur.

LA copie ſus écrite a eſté bien & deuement vidimée à ſon original ſain & entier, non vicié ne cancellé en aucune maniere, ce requerant Iean Pelerin Trompette de Xaintes, pour & au nom du Seigneur de Mirambeau, entre les mains duquel ledit original eſt demeuré. Fait à Xaintes, le 19. iour de Mars 1573. Babion & Foureſtier Notaires Tabellions Royaux à Xaintes.

Autre

Autre Sauuegarde audit Seigneur de Mirambeau.

A Tous Lieutenans Generaux, Gouuerneurs de Prouinces, Capitaines, Chefs & Conducteurs des Gens de guerre, tant de cheual que de pied, Mareschaux des logis & Fourriers d'iceux, Membres & Soldats, de quelque Nation que ce soit, estans & qui seront cy-apres à la solde & seruice du Roy nostre tres honoré Seigneur & Frere, & à tous ses autres sujets, ausquels ces presentes seront monstrées, SALVT. Sçauoir faisons, que Nous desirant bien fauorablement traiter & gratifier nostre Amé & Feal Gentil-homme Ordinaire de la Chambre du Roy, le Sieur de Mirambeau, pour les mesmes causes & considerations portées par les Lettres de Sauuegarde dudit Seigneur accordées au Sieur de Mirambeau ; Vous deffendons tres-expressement qu'és Maisons, Chasteaux, Villages, Terres, & Seigneuries appartenans audit Sieur de Mirambeau ; Vous n'ayez à aucunement loger, prendre ne fourrager aucuns bleds, vins, foins, pailles, lards, bestail, meubles, ne autres choses quelconques, sur tant que craigniez desobeyr & desplaire au Roy nostredit Seigneur & Frere & à Nous, & punis exemplairement, d'autant que Nous auons pris & mis, prenons & mettons ledit Sieur de Mirambeau, ensemble ses Fermiers, les familles & choses quelconques, en, & sous la protection & Sauuegarde speciale de sa Maiesté & la Nostre, luy promettant qu'ez entrées de sesdites maisons, Chasteaux, Terres, & Seigneuries, il puisse faire mettre & afficher nos Armes & Panonceaux en signe & memoire de cette presente nostre Sauuegarde, à ce qu'aucun n'en pretendre cause d'ignorance ; Et pource que l'on pourra auoir affaire d'icelle en plusieurs & diuers lieux. Nous voulons qu'au Vidimus duëment collationné, foy soit adioustée, comme au present Original, en témoin dequoy, Nous auons signé ces presentes de nostre main, & fait mettre le seel de nos Armes. DONNE' au Camp de Nieuil, le quinziéme iour de Mars l'an mil cinq cens soixante treize. Ainsi signé, HENRY. Et plus bas : Par Monseigneur Fils & Frere de Roy, SARRED. Et seellé du Cachet dudit Sieur, en cire rouge.

C Ollationné à l'Original par nous soubs-signez Notaire & Tabellions Royaux, ce requerant Iean Pelerin Trompette de Xaintes, pour & au nom du Seigneur de Mirambeau, entre les mains duquel l'Original est demeuré. Fait à Xainres, le 19. iour de Mars 1573. Signé. Babion & Fourestier Notaires Tabellions Royaux à Xaintes.

Lettres de Gentil-homme de la Chambre du Roy de Nauarre, pour Iacques de Pons Fils de François cy-dessus mentionné.

H ENRY par la grace de Dieu Roy de Nauarre ; Seigneur Souuerain de Bearn, & de la terre de Donnezan, Duc de Vendosmois, de Beaumont &

d'Albret, Comte de Foix, Armaignac, Bigorre, & Rhodés ; A tous ceux qui ces
prefentes Lettres verront ; SALVT. Sçauoir faifons que Nous ayant égard &
confideration aux bons & recommandables feruices que nous a cy-deuant faits,
fait & continuë chacun iour en maintes loüables fortes & manieres, noftre Amé &
Feal, le Sieur de Mirambeau, & defirans iceux reconnoiftre en l'endroit de Iacques de Pons Sieur & Baron de Mirambeau fon fils, & l'approcher pres de noftre
perfonne ; Iceluy pour ces caufes, & pour la parfaite & entiere confiance que
Nous auons de fa perfonne, & de fes fens, fuffifance, loyauté, fidelité, experience, & bonne diligence, Auons retenu & retenons par ces prefentes en l'Eftat
de Gentil-homme ordinaire de noftre Chambre, pour d'orefnauant nous feruir
aux honneurs, autoritez, prerogatiues, preeminences, franchifes, libertez, droits,
profits & émolumens audit Eftat appartenans ; & aux gages qui luy feront cy-
apres par Nous ordonnez, & tels que les ont les autres Gentils-hommes ordinaires de noftre Chambre, couchez en l'Eftat de noftre Maifon. Si donnons en
Mandement à nos Amez & Feaux Confeillers les Chefs & Super-Intendans de
noftredite Maifon, & premier Gentil-homme de noftre Chambre, & chacun
d'eux qu'il appartiendra, que dudit Sieur de Mirambeau, pris & receu le ferment
en tel cas requis & accouftumé ; iceluy reçoiuent, & mettent & inftituent en pof-
feffion & faifine dudit Eftat ; Et d'iceluy, enfemble des honneurs, autoritez, prerogatiues, preeminences, franchifes, libertez, profits, émolumens, & gages,
qui luy feront cy-apres ordonnez, le fafcent iouyr & vfer pleinement & paifible-
ment, & à luy obeyr & entendre de tous ceux & ainfi qu'il appartiendra és chofes
touchant & concernant ledit Eftat ; Car tel eft noftre plaifir. En témoin dequoy
nous auons à ces prefentes fignées de noftre main, fait mettre noftre feel. Donné
à Lodun le 19. iour d'Avril 1576. HENRY. Et fur le reply ; Par le Roy de Nauarre, BORZIAN. Et feellé.

***

Paffeport d'Henry III. pour Monfieur de Mirambeau.

HENRY par la grace de Dieu, Roy de France & de Pologne ; A tous nos
Lieutenans Generaux, Gouuerneurs de Prouince, Marefchaux de France,
Baillifs, Senefchaux, ou leurs Lieutenans, Capitaines, Chefs & Conducteurs de
nos Gens de Guerre, tant de cheual que de pied, Maires, Confuls & Efcheuins
de Ville, Maiftres & Gardes des portes, ponts, ports & paffages, & à tous nos autres Officiers & Sujets qu'il appartiendra, Salut. Comme nous n'ayons rien tant
à cœur que de remettre noftre Royaume en bonne paix, repos & tranquillité par
vne ferme reconciliation de tous nos Sujets, & pour y paruenir & traiter dés
moyens à ce conuenables, Nous auons aduifé faire venir affembler aupres de
Nous, la part que nous ferons, aucuns Deputez ; & foit ainfi qu'entr'autres commis de la part de la Nobleffe de nos pays de Poitou, Xaintonge & Rochelois,
tant de la Pretenduë Religion Reformée, que Catholiques affociez, ait efté choifi

& efleu noftre cher & bien Amé le Sieur de Mirambeau ; auquel voulant donner
moyen qu'il puiffe s'acquiter de fa charge & voyage en toute feureté, & fous l'affeurance & foy que nous leur auons baillée, & voulons eftre inuiolablement ob-
feruée. A ces Cavses, vous mandons, commandons, & tres-expreffement
enioignons que vous ayez à laiffer paffer ledit Sieur de Mirambeau, venir & fe-
iourner, & retourner par chacun de vos pouuoirs, Iurifdictions & deftroits, tant
& fi longuement, & iufques à tel temps que befoin fera, auec fes cheuaux, armes
& bagage, fans luy faire mettre ou donner, ne fouffrir luy eftre fait, mis ou donné
aucun deplaifir, arreft, deftourbier, ou empefchement en fa perfonne, feruiteurs,
cheuaux, armes & bagage, foit en venant, feiournant, ou retournant. Ce que
nous vous deffendons tres-expreffement, & ou aucun leur feroit fait ou donné;
Nous voulons le tout eftre reparé incontinent & fans delay, & les infracteurs de
ces prefentes punis & chaftiez exemplairement, & à cét effet, leur auons donné
& donnons bon & loyal paffeport, & faufconduit par ces prefentes fignées de noftre main. Voulant que par tous les lieux & endroits efquels il paffera & feiourne-
ra, il luy foit baillé & adminiftré tant pour luy que pour fefdits feruiteurs, viures,
logis, cheuaux de pofte, guides & autres chofes qui leur feront neceffaires, en
payant raifonnablement, & à ce ne faites faute: Car tel eft noftre plaifir. Donné
à Paris, le 8. iour de Fevrier 1576. Et de noftre Regne le deuxiefme. Signé,
HENRY. Et plus bas, Par le Roy, FIZES, & feellé.

HENRY par la grace de Dieu Roy de France & de Pologne; A tous
Gouuerneurs de Prouinces, nos Lieutenans Generaux, Marefchaux de
France, Capitaines, Chefs & Conducteurs de nos Gens de Guerre, Baillifs, Senefchaux, Preuofts, ou leurs Lieutenans, Maires, Confuls, & Efcheuins de Villes,
gardes des portes, ponts, ports, peages, & paffage, Iurifdictions, & deftroits,
& à tous nos autres Iufticiers, Officiers & Sujets qu'il appartiendra. Salut. Nous
auons cy-deuant fait expedier nos lettres de paffeport, & fauf conduit aux deputez des Chefs & Principaux de la Religion pretenduë Reformée, & Catholiques
affociez qu'ils ont enuoyez deuers nous pour reprefenter leurs remonftrances &
requeftes, afin de paruenir à vne ferme & indiffoluble pacification des troubles &
Guerres ciuiles dont cettuy noftre Royaume a efté fi longuement afligé, fuiuant lefquels paffeports aucuns defdits deputez fe feroient rendus pardeuers nous:
Mais ayant ladite negociation efté differée pour quelques confiderations, lefdits
paffeports fe trouuent maintenant expirez, & d'autant que nous n'auons rien plus
à cœur que de mettre vne bonne fin aufdits troubles, & renouueller le fruit d'vne
vraye & perdurable reconciliation de tous nos Sujets. Nous auons continué &
prolongé, continuons & prolongons par ces prefentes lefdits paffeports iufques
au vingt-cinquiéme iour de Decembre prochain, pendant & durant lequel temps:

Voulons & entendons que lefdits Deputez puiffent faire & accomplir leurs voyages & negociations en toute feureté de leurs perfonnes, fous l'affeurance & foy
publicque que nous leur auons derechef baillée ; Et voulons leur eftre inuiolablement gardée. A cette caufe vous mandons commandons & tres-expreffement enjoignons que vous ayez à laiffer aller, venir, paffer, retourner & fejourner par chacun de vos pouuoirs, Iurifdictions & deftroits le Sieur de Mirambeau deputé de
la Nobleffe de Poitou, Xaintonge, Rochelois, & Angoumois, & fes feruiteurs
& tous autres portans fes prefentes enuoyez & depefchez pour le fait de ladite negociation, tant deuers Noftre Tres-Cher & Tres-Amé Frere le Duc d'Alançon,
que autres Catholiques, & de la Religion pretenduë Reformée, foit dedans ou
dehors noftredit Royaume, que pour s'en reuenir deuers nous, auec Piftolets
& autres Armes qu'il & fefdits feruiteurs porteront pour la feureté de leurs perfonnes, par vofdits pouuoirs, Iuridictions & deftroits, & autres lieux & endroits de
cettuy noftre Royaume, Pays, Terres & Seigneuries de noftre obeyffance, fans
luy faire mettre ou donner ne fouffrir luy eftre fait, mis ne donné ny à fefdites
gens & feruiteur és voyages qu'il fera durant ledit temps d'vne part & d'autre, aucun arreft, déplaifir ou empefchement en fa perfonne Cheuaux, Armes, Hardes,
& Bagage. Ce que nous vous deffendons tres-expreffement, & ou aucun leur
feroit mis ou donné : Nous voulons le tout eftre reparé incontinent & fans delay,
Et les infracteurs de fes prefentes punis & chaftiez exemplairement, & à cét effet
luy auons pour le temps deffus dit donné & donnons bon & loyal Saufconduit,
& où lefdits Deputez & denommez en cefdites prefentes fe trouueroient lors de
l'expiration du prefent Saufconduit deuers nous, & que ladite pacification ne fuft
encores refoluë, ou arreftée, ou bien differée pour quelque confideration ; Nous
voulons & entendons qu'ils puiffent librement retourner deuers ceux qui les auront depefchez & enuoyez fans qu'il leur foit fait aucun arreft ou empefchement,
promettant en bonne foy & parolle de Roy, leur en bailler nos Lettres de paffeport, & Saufconduit neceffaire ; Voulons auffi que par tous les lieux & endroits où
ils pafferont & fejourneront, il leur foit baillé & adminiftré viures, Logis, Cheuaux
de Pofte au pris de l'Ordonnance, & autres chofes qui leur feront neceffaires en
payant raifonnablement. Et à ce ne faites faute ; Car tel eft noftre plaifir. Donné à
Paris le fecond iour d'Octobre l'an de grace 1575. Et de noftre Regne le deuxiéme. Signé HENRY. Et par le Roy, FIZES.

***

Pouuoir donné audit Seigneur de Mirambeau par la Nobleffe d'Aunix,
pour la tenuë des Eftats à Blois.

NOVS Oliuier de Cullant, Efcuyer, Sieur de Ciré : Pierre de Magné
Efcuyer Sieur de Sigougne : André de Magné Efcuyer Sieur des Ors:
Pierre de Furgon Efcuyer Sieur de Saint Chriftople : Geoffroy d'Angliers Ef-
cuyer Sieur de Fonpaftour, & Philippes Richard auffi Efcuyer Sieur de la Gar-
de aux vallets : Tous Gentilshommes du pays d'Aunix & Gouuernement de la
Rochelle,

Rochelle, tant pour Nous, que tous autres de la Nobleſſe dudit pays, & pour obeïr à l'aſſignation & conuoquation des Eſtats de ce Royaume ſelon les Patentes de ſa Majeſté. Auons nommé & eſleu pour comparoir à la conuoquation deſdits Eſtats pardeuant ſadite Majeſté Haut & Puiſſant Meſſire François de Pons, Seigneur, Baron de Mirambeau , & deputé par la Nobleſſe de Xaintonge pour meſme effet , & auquel auons donné tout pouuoir & autorité faire declaration que Nous eſdits noms apres auoir entendu la lecture des articles enuoyez par ladite Nobleſſe de Xaintonge : Entendons nous ioindre auec eux , & propoſer à ladite conuoquation pardeuant ſadite Majeſté les remontrances & requeſtes contenuës par les memoires & cayers donnez par ladite Nobleſſe de Xaintonge audit Seigneur de Mirambeau , & faire ſur le tout ce qu'il appartiendra & verra eſtre à faire , promettans auoir le tout pour agreable. En témoin dequoy en auons ſigné la preſente , & fait ſigner au Notaire ſous-ſigné à noſtre requeſte le lundy 17. iour de Decembre 1576. Ainſi Signé de Cullant , de Magné , Richard , Furgon , de Magné, Dangliers, & Iolan Notaire.

Les Princes de Nauarre & de Condé.

A Tous Gouuerneurs , Capitaines , commandans ſous noſtre autorité és Villes & Places où nous commandons pour le ſeruice du Roy : Et à tous tenans & fauoriſans ce party, Nous vous mandons & enjoignons que rencontrans le Sieur de Mirambeau que nous enuoyons preſentement és Pays de Dauphiné , Languedoc, Gaſcogne , & Guyenne , vous ayez à le laiſſer paſſer librement & ſeurement ſans luy donner ny à ſes gens & ſeruiteurs , iuſques à vnze Cheuaux aucun trouble ny empeſchement; ains à l'accomoder de cheuaux de Poſte, & autres choſes dont il aura beſoin pour noſtre ſeruice. Fait au Camp de Chaſſy , ce 10. Aouſt 1570. Signé : HENRY , HENRY DE BOVRBON. Et plus bas DE CABOCHE.

M Onſieur de Mirambeau , l'ay prié le Sieur de Boisbreton de vous aller trouuer pour vous dire quelque choſe de ma patt : Surquoy ie vous prie le croire comme ſi c'eſtoit moy meſme , & dont vous me ferez plaiſir de me donner la deſſus voſtre aduis , ſi ce n'eſtoit que voſtre commodité vous peuſt permettre de me venir trouuer à S. Iean d'Angely où ie m'achemine , & ſerez le bien venu , priant Dieu , apres mettre recommandé à voſtre bonne grace , vous donner Monſieur de Mirambeau en ſanté ce que deſirez , à Montguyon le neuviéme

Octobre 1586. Voftre plus affectionné & meilleur amy à iamais. Signé H E N R Y DE BOVRBON.

Vous receurés auec la prefente vne Lettre que le Roy de Nauarre vous écrit.

Autre Lettre de Monfieur le Prince, audit Seigneur de Mirambeau.

Monfieur de Mirambeau, s'en retournant les Sieurs des Beffons & des Maray par delà apres auoir paffé par la Cour, ie vous ay bien voulu faire cette prefente, pour réponfe à celle qu'ils m'ont portée de voftre part, pour vous remercier tres-affectueufement des honneftes remonftrances, & offres d'amitié que vous me faites, vous priant de croire que comme ie n'ignore point combien vos loüables vertus vous ont rendu recommandable enuers tous ceux de noftre party, auffi l'affection tres-éprouuée de l'amitié que vous auez toujours portée à feu Monfieur mon Pere, de laquelle vous me rendez heritier, m'accroift tellement le defir d'auoir moyen de vous faire paroiftre par quelque bon effet, la volonté que i'ay de pouuoir vfer d'vne condigne reconnoiffance, que ie ne feray iamais content que ne l'ayez éprouuée en quelque bonne occafion, ou i'efpere que Dieu m'en donnera le moyen. I'enuoye tous les Deputez des Eglifes & Catholiques affociez vers fa Majefté, pour luy prefenter les tres-humbles Requeftes & fuplications qui ont efté refoluës en cette Affemblée, lefquelles graces à Dieu font fondées : Premierement fur fa gloire & établiffement certain d'vne ferme & affeurée Paix, laquelle tant de gens de bien attendent, me remettant fur la fuffifance defdits Sieur de Beffon, & des Maray à vous faire plus particulierement entendre l'état de nos affaires, ie ne m'en étendray d'auantage pour le prefent : Et prieray Dieu, Monfieur de Mirambeau, qu'il vous maintienne en bonne fanté, longue & contente vie. Ecrite de Bafle le 21. de Mars 1571.

Voftre plus affectionné & meilleur amy à jamais,
HENRY DE BOVRBON.

Le 26. Nouembre 1565. Ledit Seigneur de Mirambeau, & fes autres freres & fœurs des trois mariages du Seigneur de Mirambeau, firent accord entr'eux pardeuant Roy Notaire Royal à Xaintes, fur la fucceffion dudit Seigneur de Mirambeau, & les pretentions de chacun pour les interefts de leurs meres, dont ie rapporteray fuccinctement & en peu de mots les principaux termes.

Comme feu Meffire Iacques de Pons quand viuoit Seigneur de Mirambeau, euft efté conioint en fecondes nopces auec feu Haute & Puiffante Dame Iacquette de Lanfac, au traité duquel y eut plufieurs conuenances, & delaiffé à elle, furuiuans fes heritiers vniuerfels, fçauoir le Seigneur de Lanfac fon fils, & de feu Meffire Alexandre de S. Gelais fon premier mary, Meffire François de Pons Cheualier, Seigneur & Baron de Mirambeau, Meffire Pons de Pons Cheualier,

Seigneur de la Caze, & autres ses enfans, & dudit Messire Iacques. Et qu'iceluy Messire Iacques aye conuolé en troisiesmes nopces auec Haute & Puissante Dame Catherine de Biron, vesue de Messire Iean de Durfort Seigneur de Duras, duquel Mariage seroient issus Messire Iean de Pons Cheualier Seigneur de Plassac, Antoine de Pons Seigneur de Berneuil, Antoinette Dame de Linardz, auquel tiers Mariage ladite Dame de Biron auroit porté la Baronnie de Rosan rachetable au Seigneur de Duras son fils de son premier Mariage pour trente mil liures. Et pource que ledit Seigneur de Plassac pretendoit que ledit Seigneur de Mirambeau, pere commun des parties, auroit receu ledit rachapt & autres sommes, & luy auoit par son testament receu par la Combe Notaire donné la terre de Plassac, & tous ses meubles & acquests, & le tiers de son Patrimoine, & que lesdits Seigneurs de Lansac, Mirambeau, & la Caze pretendoient ladite donation nulle, pour ladite terre de Plassac auoir esté acquise du viuant de ladite Dame Iacquette de Lansac, des biens de laquelle il auroit disposé pour plus de quatre vingt mil liures. Ils auroient transigé en sorte que audit Haut & Puissant Messire Iean de Pons Seigneur de Plassac, Prunget, Chabanet, le Tendu, & le Langon, ses freres & sœurs seroit demeuré ladite Seigneurie de Plassac, & audit Haut & Puissant Messire François de Pons Seigneur de Mirambeau, Hiers, Charon, l'Houmée, S^t. Engene, S^t. Leurine & Moins seroit demeuré les biens dudit Seigneur de Mirambeau leur pere, à la charge de par chacun deux payer les legitimes de leurs freres & sœurs. Et encore qu'ils payeront chacun leur tiers de la legitime de Ieanne de Pons leur sœur Paternelle, & du premier Mariage dudit Seigneur de Mirambeau, & autres conditions portées par ladite Transaction.

Toutes ces pieces concernans François de Pons Seigneur de Mirambeau, ont esté trouuées au Tresor de Mirambeau, & prestées à Monsieur de la Caze par Monsieur le Marquis de Pardaillan à present Seigneur dudit Mirambeau, qui l'a obligé de cela, & les luy a renduës apres en auoir fait vidimer & collationner par des Notaires des copies.

Ledit Seigneur de Mirambeau eut vn fils de son second Mariage, Gedeon de Pons Seigneur du Vigean, qui est nommé en la Genealogie de France des Sieurs de Sainte Marthe qui mourut à l'entreprise d'Anuers, & y fut tué comme le rapporte Aubigné en son Histoire tome second, fol. 477. en ces mots. On conneut entre les morts vn fils du Mareschal de Biron, vn du Comte de Chasteauroux, Sesseual, le Baron du Vigean, le Comte de Saint Agnan & Thiange.

Voicy ce que nous adiousterons, à ce que disent Messieurs de Sainte Marthe touchant Anthoine dernier Sire de Pons du nom & armes. Il estoit Sire de Pons, Comte de Marennes, Seigneur des Isles d'Olleron & Aruert, Guercheuille, & Nieuil en Limousin, Conseiller du Roy en ses Conseils d'Estat & Priué, (des Seigneurs retenus pour cela par Henry III.) qui portoit le grand manteau & l'espée au Conseil, ainsi qu'il se peut voir par l'ordre des Conseillers du Conseil dudit Roy. Il estoit Capitaine de cent hommes d'armes des Ordonnances du Roy, comme appert entr'autres lieux en l'Histoire du Siege de Poictiers par le Sieur

Liberge fous l'an 1569. imprimée audit Poictiers en 1621. par Iulien Thoreau Imprimeur du Roy & de l'Vniuerſité, où parlant des Gens de guerre & Compagnies d'Ordonnance qui ſe trouuerent en ladite Ville lors dudit Siege, au feüillet 204. dit en ces mots ; Le Sieur de Bayers commandant à ce qui eſtoit de la Compagnie de Monſieur de Pons en Xaintonge, ledit Sieur de Bayers homme de condition du nom de la Roche-Foucauld, ne deſdaignoit pas de commander la Compagnie dudit Seigneur de Pons dont il eſtoit Lieutenant ; Ce qui eſt confirmé par Popeliniere au 18. liure de Hiſtoire fol. 120. Ledit Seigneur de Pons eſtoit auſſi Lieutenant de Roy en Xaintonge ſous les Roys de Nauarre, Antoine & Henry Gouuerneurs de Guyenne, comme entr'autres Auteurs & Hiſtoriens, ledit Sieur d'Aubigny le certifie au Tome premier de ſon Hiſtoire liure 4. fol. 225. ſur l'an 1567. où parlant de quelques petites Compagnies qui s'amaſſoient pour les Reformez vers Mirambeau & S. Seurin, qui y furent emportez ſans deffence par le Sieur de Madaillan, renforcé des gens du Sire de Pons Lieutenant de Roy en Xaintonge : Ce qui eſt auſſi rapporté par Popeliniere au 8. liure de ſon Hiſtoire fol. 323. au commencement en ces mots, d'autant que les tumultes commençoient à s'allumer en Guyenne & pays voyſins, lettres furent enuoyées au Sieur de Pons auec l'Ordre de S. Michel, & pour l'honneur & entretenement d'vn tel garde de fraternité, le Gouuernement de Xaintonge & lieux Maritins, la Charge de cinquante Hommes d'Armes ſous les Ordonnances du Roy, & commandement de faire leuée d'Infanterie pour tenir en ceruele les proteſtans du Pays ; afin qu'ils entreprinſſent moins ou qu'ils ne ſe raliaſſent pour ſecourir le Prince, encore Aubigny au ſuſdit Tome liure 5. fol. 264. ſur l'an 1568. parlant encores dudit Sire de Pons, dit qu'à la conionction de la Reyne Ieanne de Nauarre, auec le Prince de Condé, il garantit ſa Ville de ſurpriſe par vn renfort de gens de Guerre, qui luy furent amenez par Combaudiere, & Perignac, l'Abbé de Sablanceaux, Iuſſas, Todias, & Banchereaux.

Ledit Sire de Pons eſtoit auſſi Capitaine des cent Gentils-hommes de la maiſon du Roy, entroit à cheual au Louure, & y mourut ſous Henry III. dans le departement que ſa Majeſté luy auoit donné ; du viuant duquel Sire de Pons fut donné Arreſt au Parlement de Bourdeaux pour le rang des maiſons du reſſort d'iceluy à la requiſition du Procureur general du Roy, dont la teneur s'enſuit.

Surce que la Feuriere pour le Procureur general du Roy, a dit & remonſtré, que de long temps on auoit accouſtumé en ſigne de ioye, les iours des Audiences accouſtumées, le matin preſenter à la Cour des chapeaux & bouquets de fleurs, ce qui a eſté naguieres diſcontinué, à l'occaſion de ce que les parties qui eſtoient condamnez à les fournir en eſtoient déchargez, toutesfois, il y a en ce Reſſort pluſieurs grands Seigneurs qui ſe ſentiroient fort honnorez, s'il plaiſoit à la Cour, Ordonner qu'ils fourniroient leſdits chapeaux & bouquets de fleurs, comme ſe fait en pluſieurs Cours de Parlement de ce Royaume, & meſmement en la Cour de Parlement de Paris ; Pour cette cauſe, requiert ſuyuant l'obſeruance ancienne, & pour le ſoulagement des parties, qu'il plaiſe à la Cour nommer des Seigneurs

de cedit

de cedit Reſſort qu'il luy plaira, & Ordonner qu'ils fourniront leſdits Chapeaux
de fleurs & bouquets les iours d'Audience de matin accouſtumez durant ce mois
de May, & que Ieudy prochain ſecond iour de ce mois, la Ducheſſe d'Albret
Reyne de Nauarre commencera, & ſera enioint aux Procureurs qui ont charge
des cauſes & matieres deſdits Seigneurs de les en aduertir ; Et cependant fourniront iceux chapeaux & bouquets de fleurs, ſauf d'en repeter les frais qu'ils auront
pour ce faits ; La Cour ſuyuant l'ancienne couſtume gardée & obſeruée és Cours
de Parlement de ce Royaume, & meſme en la Cour de Parlement de Paris, à
l'inſtar duquel les autres Parlemens ſont inſtituez ; A Ordonné & ordonne, que
la Reyne de Nauarre Ducheſſe d'Albret, l'Archeueſque de Bourdeaux, l'Eueſque
de Condom, les Sieurs de Candalle, de Pons, de Turenne, de Vantadour, de
Grammont, de Caumont, de Lauzun, de Biron, de Pompadour, & Deſcars,
fourniront ſuiuant la requiſition du Procureur general du Roy, des bouquets &
chapeaux de fleurs les iours d'Audience accouſtumées, l'vn apres l'autre, ſuiuant
l'ordre cy-deſſus contenu ; Et Ordonne auſſi, que les Procureurs en ladite Cour
qui ont charge des procez & cauſes des ſuſdits Seigneurs, en aduertiront leurs
parties, & cependant fourniront leſdits bouquets & chapeaux de fleurs, ſauf d'en
repeter les frais qu'ils auront pour ce faits. Prononcé à Bourdeaux en Parlement,
Monſieur le premier Preſident, le mardy matin troiſiéme iour d'Avril, 1566. Signé, DE PONTAC.
Maintenant Monſieur de Mioſſans les donne le premier, comme Sire de Pons.

Le 6. d'Octobre 1540. ledit Seigneur de Pons : Et le Seigneur de Mirambeau
ſon oncle, tranſigerent des differens qui eſtoient entr'eux pour raiſon de la ſucceſſion de Guy Sire de Pons, ayeul dudit Seigneur de Pons, & grand Pere dudit
Seigneur de Mirambeau, & ce pardeuant Bourdoilleau Notaire à Plaſſac dont
nous en rapporterons ſuccintement la teneur.

COmme pluſieurs procez ſeroient meuz pendans & indecis tant au grand
Conſeil és Cours de Parlement à Paris, & Bourdeaux, és Requeſtes à Paris,
que en la Seneſchauſſée de Xaintonge au Siege de Xaintes : Entre Hauts & Puiſ-
ſants Seigneurs Meſſire Antoine de Pons Cheualier, Sire de Pons, Conſeiller &
Chambellan du Roy noſtre Sire, & Seigneur des Illes de Marennes, Brouë,
Cheſſoubs, Monteſlin, & Aruert, & Meſſire Iacques de Pons, Cheualier Seigneur
& Baron de Mirambeau, Rouzam, & des Chaſtellenies de Plaſſac, Lanſſac,
Hiers, d'Ambes & Corbiac. Auſquels procez ledit Meſſire Antoine ſe ſeroit con-
ſtitué demandeur en retraict conuentionnel, pour la Seigneurie d'Hiers fondé ſur
la tranſaction faite entre ledit Guy Sire de Pons, quand viuoit ayeul & biſſayeul
deſdits Hauts & puiſſans, & feu Dame Marguerite de Coitiuy mere & ayeulle
deſdits Hauts & Puiſſans, & auſſi pour raiſon du retraict lignager de ladite Seigneurie de Plaſſac, venduë par feu Monſieur François Sire de Pons, pere dudit

Meſſire Antoine, & frere dudit Meſſire Iacques, à Meſſire Charles de l'Eſpinay, & Dame Lucreſſe de Pons, deſquels ledit Meſſire Iacques de Pons Seigneur de Mirambeau auroit acquis ladite terre de Plaſſac, & outre leſdits Hauts & Puiſſans eſtoient en deliberation de mouuoir pluſieurs procez, meſme ledit Seigneur de Mirambeau en reciſion du contraƈt de ſuplement de partage de ladite maiſon de Pons, des biens dont ledit Meſſire Guy de Pons mourut Seigneur & poſſeſſeur: auſſi diſoit ledit Seigneur de Mirambeau, que la tierce partie hors mis le quint de tous les biens dont Monſieur François de Pons ſon pere, & fils dudit Guy luy competoit & appartenoit comme eſtant ſon heritier pour vn tiers n'eſtans que trois enfans. Deſquels biens eſtoit le Chaſteau, Ville, & Seigneurie de Pons entierement, le Chaſteau du Viroul acquis par ledit Meſſire François dudit Meſſire Guy ſon pere. Et par ledit Meſſire Antoine eſtoit repliqué, que ſans cauſe ledit Seigneur de Mirambeau auoit obtenu lettres de reciſion du contraƈt & ſuplement de partage de ladite maiſon de Pons, en contreuenant à ſon propre fait, & aux accords & tranſaƈtions faites entre luy & ledit Meſſire François Sire de Pons, pere dudit Meſſire Antoine, & n'eſtoient les allegations de valleur ; en quantité des biens delaiſſez par leſdits Meſſire Guy & François de Pons pere & fils, & alleguée par ledit Seigneur de Mirambeau à receuoir; pource que ſur iceux neceſſairement falloit diſtraire tous les biens de feu Marie de Pons Dame de Martigues, & Anne ſa fille qu'elle auroient par leur teſtament donnez & ſubſtituez en faueur du fils aiſné & Chemier de Pons, leſquels conſiſtoient és Seigneuries de Marennes, Cheſſoubs, Monteſlin, Plaſſac, S. Genis, Clyon, S. Simon, Perignac, Preguillac, Coulonges, Colombiers, Chadenac, Biron, Carleuz, & pluſieurs autres Terres & Seigneuries. Et outre que ledit Meſſire Antoine & ſon pere auroient payé cent ou ſix vingt mil liures de debtes hereditaires deſdits feu Guy & François de Pons pere & fils, & qu'ainſi tout ce que deſſus deſduit reſtoit peu de choſe ayant égard que la terre de Pons auoit eſté donnée par le Sieur Guy audit François ſon petit fils pere dudit Antoine, par ſon teſtament : Et que par Arreſt du Parlement de Bourdeaux, les Dames de Turenne & Riberac filles dudit Meſſire Guy, & ſœurs dudit Meſſire François pere dudit Seigneur de Mirambeau, n'ont eu outre ce qui leur fut dŏné par leurs contrats de Mariage pour leurs droits hereditaires que quatre cens liures de rente en aſſiete, & ledit Seigneur de Mirambeau en a eu dauantage : Pourquoy ils accorderent que ledit Meſſire Antoine renonçoit auſdits retraits conuentionnels d'Hiers, & Lignager de Plaſſac, & à toutes autres aƈtions, leſquelles terres demeuroient audit Seigneur de Mirambeau, qui ce faiſant renonce à tout ſuplement de legitime. Fait & paſſé au Chaſteau de Plaſſac, le 6. Oƈtobre 1540. és preſences de Monſieur Maiſtre Augier de Hunault Conſeiller du Roy noſtre Sire, & Abbé de Sainte Croix de Bourdeaux, René de S. Mauris Sieur de Veſpiere Capitaine de la Ville de Pons, Iean de Montgrand Seigneur de Logerie, François du Brouilh Seigneur de Fontreaux, & Louys de Cothecordan demeurant à preſent à Pons, témoins à ce requis & appellez. Signé, Antoine de Pons, Iacques de Pons, & M. Bourdoilleau.

Belleforeſt rapporte en ſes grandes Annales de France tome 2. ſur l'an 1544. Chapitre 60. que ledit Meſſire Anthoine de Pons eſtant en Italie pour le ſeruice du Roy & Cheuallier d'honneur de Madame Renée de France Ducheſſe de Ferrare, ~~France~~: Il fit telle diligence auec Iean de Montluc Ambaſſadeur de ſa Majeſté à Veniſe, que la Ville de Marran en Dalmatie ſurpriſe par les Imperiaux, fut repriſe par Berthrand Succhie Partiſan des François qui s'en rendit Maiſtre, & en fut Gouuerneur, iuſques à ce que l'enuie l'en fit chaſſer, & depuis y fut remis par la diligence deſdits Seigneurs Ambaſſadeur & de Pons.

Attendant encore d'autres pieces que l'on recherche auec labeur & peine, nous reuiendrons à noſtre Guy Sire de Pons, qui dans le repos de l'eſtat ſe fit rendre hommage par les vaſſaux de toutes ſes Terres, comme il appert par la Commiſſion qu'il en donna à ſes Officiers, qui a eſté trouuée aux Archiues de la Rochebaucourt, & dont Monſieur de Sommeſſac principal heritier de feu Monſieur de Braſſac Seigneur dudit lieu en a aydé & obligé de l'original en parchemin, dont la copie ſuit.

GVY Seigneur de Pons, Vicomte de Turenne, Seigneur des Iſles d'Oleron, Marennes, Hiers, Aruert, Brouë, & Cheſſoubs, & de Monfort, Carlus, Aillac, Royan & Mornac, Salut: Sçauoir faiſons que nous confians à plein des ſens, ſcience, preudhommie & bonne diligence des perſonnes de Maiſtre Arnauld Queu noſtre Lieutenant de Pons, de Maiſtre Yues Faure licentié en Loix, & Iuge ordinaire de noſtre dite ville de Pons, de Aymery Rabeau, noſtre Capitaine de Plaſſac, & de Me. Pierre Guignaudeau Iuge de noſtredite Seigneurie de Plaſſac. Pour ces cauſes & autre à ce nous mouuans: Iceux auons commis & ordonnez, & par ces preſentes commettons & ordonnons Commiſſaires pour paracheuer & mettre à fin toutes & chacunes les verifications autrefois encommencez par feu Maiſtre Guillaume de Montgaillard en ſon viuant noſtre Lieutenant de Pons, en lieu duquel nous auons ſubrogé & commis ledit Maiſtre Arnauld Queu, par ces preſentes ſubrogations. Auſquels Commiſſaires, & à chacun d'eux ou aux trois des quatre auons donné & donnons par ces preſentes plein pouuoir & autorité & mandement ſpecial de verifier toutes & chacunes leſdites verifications. Meſmement de verifier à François Louys, & Robert de Rochechandry Eſcuyer, & Damoiſelle Ieanne de la Rochechandry freres & ſœur les fiefs leſquels ils tiennent de nous, & que ſouloit tenir leur feu Pere ſous noſtredite Chaſtelenie & Sirie de Pons, & icelles verifications ainſi encommencées entierement paracheuer & mettre à fin deuë, appellé auec eux pour leſdites verifications voir faire nos Procureurs & Receueurs. En témoin de ce nous auons ſigné ces preſentes, & fait ſigner par noſtre commandement, & ſeellé de noſtre ſeel le neuviéme iour de Fevrier mil quatre cens ſoixante & dix-huit. Ainſi ſigné, GVY DE PONS. Et plus bas, par commandement de mondit Seigneur, GOVRRAVLT.

Ledit Guy de Pons eſtoit fils de Iacques Sire de Pons, & d'vne autre Izabel de

Foix fille de Gaſton de Foix II. du nom, Captal de Buch, Vicomte de Caſtillon, qui épouſa l'heritiere du Comte de Candalle en Angleterre.

Iacques Sire de Pons, Comte de Bergerath, Monfort, Marennes, Vicomte de Turenne, de Riberac & Carlus, Seigneur des Iſles & Chaſtellenies d'Oleron, Aruert, Broüage, Royan, Plaſſac, & autres places.

EStoit couſin germain de Iean Comte d'Auuergne & de Lauragais qui épouſa Ieanne de Bourbon, ſœur de François de Bourbon Comte de Vandoſme, il eſtoit auſſi couſin d'Anne de Boulogne, femme d'Alexandre d'Eſcoſſe Duc d'Albanie, frere du Roy Iacques d'Eſcoſſe III. du nom, eſtoit auſſi beau frere de Iean de Foix Comte de Candalle. Il fut au commencement du party de l'Anglois, pour lequel il fit long temps ſubſiſter la guerre en Xaintonge, iuſques à ce que le Roy Charles VII. fut contraint d'y deſcendre auec ſon Armée pour y remedier, comme témoigne de Serres en ſon Hiſtoire de France ſous l'an 1441. Tome 3. fol. 84. en ces mots : De-Saumur (parlant dudit Roy) vint en Poictou, & pourueut-que Mareuil & Sainte Hermine ne trauaillaſſent plus le peuple. De là vint en Xaintonge, qui auoit eſté fort tourmentée par le Sieur de Pons, qui s'humilia au Roy, & promit de viure en paix, ce que Alain Chartier, qui a écrit la vie dudit Roy, traicte plus amplement. ainſi que le rapporte Belleforeſt en ſes grandes Annalles de France au Tome 2. fol. 1128. & 1129. en ces paroles. D'autre part ſur les frontieres de Xaintonge, comme Iacques Sire de Pons allié en la maiſon du Captal de Buch & de Foix eut querelle auec quelques Seigneurs ſes voiſins, & fut des partiaux de Bourgogne, il auoit encore quelques troupes de Soldats en ſes terres, leſquels (comme le Soldat eſt couſtumier de ne viure les mains croiſées ſans entreprendre ſur ſes voiſins) pilloient & rençonnoient les Sujets du Roy. Et ſurquoy, afin qu'on ne die que i'adiouſte rien du mien, ie vous allegueray les propres mots d'Alain Chartier, parlant en cette ſorte ; Le Roy ſe partit du pays de Poictou à tout ſon oſt, à grand compagnie de gens, & arriua ſa perſonne en ſa Cité de Xaintes auec aucuns Seigneurs de ſon ſang & de pluſieurs Barons, & vint pour oſter la pillerie que faiſoit ſur ſon peuple de Poitou & Xaintonge les gens du Seigneur de Pons, lequel Seigneur quand il ſceut la venuë du Roy, luy enuoya en grande reuerence les Clefs de ſes Villes & Chaſteaux, comme l'on doit faire à ſon ſouuerain Seigneur, & vint ledit Seigneur de Pons en grande humilité au Roy. Et mit le Roy en ſes mains certaines de ſes places, & icelles meſmes qui anciennement eſtoient du Domaine du Roy, que ledit Seigneur de Pons & ſon pere auoient longuement tenuës par force, diſant que le Roy de France leur auoit anciennement baillé leſdites Terres, & icelles engagées pour certaines ſommes de deniers & preſts faits à la Couronne de France durant la guerre ; & ainſi fit ſon traité, & fut le Roy content de luy ; iuſques icy ſont les mots de Chartier & de Belleforeſt. Depuis il ſeruit tres-vtilement ſa Majeſté contre les Anglois és priſes de Montguyon, Blaye, Fronſac, Libourne, Caſtillon, Bourg, Bergerath,

Rions,

Rions, & Bourdeaux , sous le Comte Iean d'Angoulesme ayeul de François I.
comme témoigne ledit Alain Chartier au 111. 112. & 113. Chap. de son Histoire.
Et Duport en l'Histoire particuliere qu'il a faite dudit Iean Comte d'Angoulefme , & dediée à feu Monsieur d'Espernon , au feüillet 70. où il dit que le Roy
ayant enuoyé en Guyenne Iean Bastard d'Orleans , Comte de Dunois & de Lon-
gueuille, ledit Comte Iean se fut ioindre à luy auec les Seigneurs ses voisins & vaf-
saux qui l'accompagnoient, comme le Seigneur de Taillebourg, de Pons, la Ro-
che Foucauld, d'Aubeterre, & de Rochechoüard, & furent assieger Monguion, &
en suite toutes les places cy-dessus, iusques à la reduction de Guyenne, ce que ledit
de Serres confirme au 3. Tome de son Histoire fol. 111. Et aussi le mesme Belleforest
sous l'an 1452. fol. 1158. lors de la reprise de Bourdeaux , en ces mots, & des plus
prompts & diligents au seruice du Roy , fut Iacques Sire de Pons remarqué lors ,
tant pour l'ancienneté de son sang, que alliances de sa maison & generosité de son
courage , lequel amena plus de six vingts Gentils-hommes ses Vassaux en l'armée
du Roy. Ayant leué Baniere , & paroissant comme des premiers & d'entre les plus
anciens Seigneurs du Royaume ; se trouua auec les Comtes de Dunois, d'Angoumois , Taillebourg , & autres, au Siege de Montguyon , & de Blaye , & en tout
le voyage.

Se trouua en 1468. aux Estats tenus à Tours sous Louys XI. & y eut seance &
rang honorable comme se void aux grandes Annales de France de Belleforest Tome second fol. 1214. & 15.

En suitte dequoy la France estant en repos & tranquilité , & luy cassé tant des
fatigues & Guerres que de son grand âge , voulut employer le reste de sa vie au
soin de ses affaires domestiques , & recompenser ceux de ses domestiques qui l'a-
uoient suiuy dans ses plus espineux affaires , & durant les disgraces & refuges qu'il
eut hors du Royaume , entr'autres vn sien Chambellan comme se iustifie par le
don suiuant que nous rapporterons succintement.

A Tous ceux qui ces presentes lettres verront & orront : Nous Iacques Seigneur de Pons Vicomte de Turenne, Seigneur des Illes d'Oleron, Marennes,
Aruert, Broüe, Chassoubs, Royan, Mornac, & de la terre & Seigneurie d'Hiers, &c.
Sçauoir faisons que pour les bons & agreables seruices que nous a fait Nostre Feal
& Amé seruiteur Chambellan Robert Pauquaire Escuyer ; auons donné par loyal
acquest & Seigneurie, & par ces presentes donnons à perpetuité , & à iamais
pour nous & pour les nostres audit Pauquaire Escuyer , à ce present vingt-quatre
liures de Marais assis & situez en nostredite terre d'Hiers : par nous acquestés ,
puis naguieres auec leurs Aires , Ials , & Boissioux yssuës & entrées conuenables à
Marais Salans , auec toutes leurs appartenances , &c. Et le tout luy auons baillé
à hommage plain, à muance de Seigneur, au deuoit d'vn Esperuier garni d'vne longe de soye & vn touret d'argent , lequel hommage & serment de feauté, ledit Robert nous a promis faire , & aussi luy auons promis le receuoir toutesfois & quan-
tes qu'il s'offrira ; En témoin dequoy en auons donné audit Pauquaire ces presentes lettres : Signées de nostre main & seellées du scel de nos armes , le 15. iour du

mois d'Aouſt l'an mil quatre cens ſoixante & dix : Ainſi Signé en la minutte écrite en parchemin : Iacques de Pons & ſeellé de cire rouge auec armes my-parties
de Nauarre, & de Pons.

Duquel titre le Sieur de Pauquaire a aydé mondit Seigneur de la Caze, qui
en a fait Vidimer & collationner vne coppie par Preuoſt & Hilaire Notaires.

Et pour verification du Mariage dudit Iacques Sire de Pons, voicy comme leſdits Sieurs de Sainte Marthe en parlent au liur. 11. de leur Hiſtoire Genealogique
de la maiſon de France, aux feuillets 223. & 224. en ces mots.

De Marguerite d'Albret (fille d'Arnaud Amanieu Sire d'Albret, & de Marguerite de Bourbon) & de Gaſton de Foix Captal de Buch, & Comte de Benau-
ges ſon mary, qui eſtoit fils puiſné d'Archambault de Graïlly ; Et de la Comteſ-
ſe Yſabeau de Foix ſa femme, ſortit

Gaſton de Foix, 2. du nom Captal de Buch, Vicomte de Caſtillon, qui épouſa l'heritiere de Candale en Angleterre, & en eut vn fils & vne fille ; ſçauoir,

Iean de Foix Comte de Candalle.

Izabel de Foix femme de Iacques Sire de Pons, Comte de Marennes, dont vint
Guy Sire de Pons, qui épouſa Izabel de Foix fille de Gaſton IIII. du nom, Comte de Foix, & d'Eleonor d'Aragon Reyne de Nauarre, la poſterité duquel Guy a
eſté cy-deuant deduite au liure 10. ſous Blanche d'Evreux Reyne de Nauarre.

Et deſquels Iacques de Pons, & Izabel de Foix, ſont iſſus trois fils ; ſçauoir,

Ledit Guy dont eſt cy-deſſus fait mention.

Louys mourut au Chaſteau de Blois, ayant eſté bleſſé à la chaſſe par vn Sanglier.

Gaſton mourut enfant.

Ledit Iacques eſtoit fils de Renaud VIII. du nom Sire de Pons, & de Marguerite de la Trimoüille fille de Meſſire George de la Trimoüille Cheualier de l'Ordre
Grand Chambellan de France, & de Catherine de l'Iſle Dame de l'Iſle Bou-
chard, de Sully, & de Genſay.

<hr>

*Renaud VIII. du Nom Sire de Pons, Comte de Bergerath, Montfort, Marennes, Vicomte de Tu-
renne, de Riberac, Carlus, Royan, Mornac, Genſac, Plaſſac, Montignac, & autres places,*

ACcompagna le Conneſtable d'Albret en ſon voyage de Guyenne, auec autres Seigneurs, és courſes & conqueſtes qu'il fit en Limouſin, Perigord &
Gaſcogne, comme témoigne Belleforeſt au fol. 1023. de ſes grandes Annales ſous
l'an 1403. où il en parle encore en ces termes : Le Duc de Bourbon ayant failly
l'entrepriſe qu'il auoit ſur Bourdeaux, ſe faiſoit toujours quelque partie ou pour
paſſe-temps, ou pour acquerir honneur ou pour l'amour des Dames. De ſorte qu'il
s'en dreſſa vne, & combat à outrance entre ſept Seigneurs Anglois & ſept François, qui fut ſignifié en Cour, & receu par ſept Gentilshommes de la maiſon de
Mr. le Duc d'Orleans, eſtans Chefs de l'entrepriſe le Seigneur de Barbaſan
Gaſcon pour les François, & le Seigneur d'Eſcalles pour les Anglois ; Le Camp
leur fut aſſeuré par Meſſire Arnaud Sire de Pons, qui leur aſſigna lieu & place, &

leur tint franc & libre pres de sa Ville de Pons, en vne Lande appellée Montendre assize sur la riuiere de Suigne, & le iour du combat pris au 19. May 1402. auec armes de Cheualier deffensiues ; & pour offensiues ils eurent les haches d'armes à bec de corbin, les Seigneurs & Gentils-hommes François furent ceux qui s'ensuyuent : Messire Arnaud Guilhem de Barbazan, Seigneur du mesme lieu en Bigorre, qui portoit d'azur à la croix d'or ; Messire Guillaume du Chastel portoit d'or à la croix engreslée de gueulles ; Messire Colinet de Brabant, qui est celuy qui auoit épousé la vesue de deffunct Guy Comte de Blois, lequel portoit d'or & d'azur de huit pieces à la bordure de gueulles sur tout ; Messire Guillaume Bataille portoit face d'or & d'azur au premier canton d'or à l'Aigle de sable, chargé en cœur d'vn escusson echiqueté d'argent & de gueulles ; Messire Archambaud de Villars portoit de gueulles à vne meule de moulin d'argent escartelé d'or à deux de sable, & colliers de mesme ; Messire Guillaume de Champagne Angeuin, portoit d'argent fretté de sable au chef d'argent, chargé d'vn Lion de gueulles armé, lampassé & couronné d'azur ; Le Seigneur du Carrois natif de Brie, & la Seigneurie duquel estoit entre Mellun & Montereau, portoit d'or à vn baston rompu de gueulle. Les Seigneurs Anglois ; Le Seigneur d'Escalles portoit de gueulles à six coquilles d'argent ; Messire Aimon de Cloüy portoit d'argent à face d'azur, chargé de trois roses d'argent ; Messire Iean Heron portoit à deux faces d'azur ou d'or à face d'azur ; Messire Robert Vintenaille portoit d'argent à la face de sable, à trois quintes feüilles de mesme ; Messire Iean Fleury, dit le Grand, portoit d'or à la choix de sable, à la bordure componée d'argent & d'azur ; Messire Thomas Trais portoit d'argent engreslé de gueulles au chef de mesme ; Messire Robert d'Escalles portoit hermines au cœur de gueulles au chef d'azur, chargé de trois molletes d'argent. Tout cecy a esté iustifié par les Effigies & Escussons peints en l'Eglise S. Sauueur au Chasteau de Pons, & me l'a communiqué le Sieur d'Asnieres Secretaire de l'Illustre Seigneur Messire Antoine de Pons pour marque de l'antiquité & de la grandeur de cette famille, d'autant que ledit Seigneur de Pons son grand ayeul, fut celuy qui asseura le Champ auec le Seigneur de Harpedane lors Seneschal de Xaintonge pour le Roy de France ensemble ; La Victoire fut aux nostres, & y mourut Robert d'Escalles, & ses compagnons se confesserent vaincus ; Iusques icy sont les mots de Belleforest. Ce combat se iustifie encores par vne tente de tapisserie qui est chez Monsieur le Comte de la Suze, descendu dudit Messire Guillaume de Champagne, où toute l'Histoire y est entierement contenuë, & encores plus particulierement par le Sieur Audidier en son traicté des Duels.

Ledit Renaud fut marié en secondes nopces auec Catherine de Monberon, fille du Seigneur de Monberon, Comte de Mauleurier, & Vicomte d'Aunay, dont il eut vne fille nommée Marie, qui fut Dame de Martigues, laquelle substitua aux aisnez masles de Pons, les biens qu'elle auoit eus pour sa legitime, au cas que sa fille Anne mourust sans enfans.

Et de son premier mariage eut ledit Iacques de Pons dont est cy dessus fait mention.

Il eut aussi vne fille naturelle nommée Ieanne, à laquelle il donna les Terres de S. Maigrin & Roussillon, & la maria à Iean Destuel Cheualier, Baron de Nieul en Limouzin qui ont laissé lignée de personnes bien qualifiées iusques auiourd'huy.

Ledit Renaud estoit fils de Renaud VII. Sire de Pons, & de Marguerite de Perigort niéce d'Achambaut V. Comte de Perigord, & par luy substituée audit Comté, & qui estoit fille de sa sœur Eleonor de Perigort & de Gaillard de Durfort.

Renaut VII. du nom, Sire de Pons, Comte de Blaye, Bergerath, Monfort & Marennes, Vicomte de Turenne, Riberac, Carlat, Carlus, Montignac, Gensac, Royan, Mornac, Seigneur des Chastellenies & Isles d'Oleron, Aruert, Brou, Hiers & Plassac, &c.

FVt le 7. Aoust 1355. accordé auec Eleonor de Beaufort fille de Guillaume Roger II. du nom Comte de Beaufort, & Vicomte de Turenne, & d'Alienor de Comminge : mais pource qu'elle n'estoit en âge nubille, le mariage ne fut consommé, voicy les promesses de futur ainsi qu'elles sont couchées par le Sieur Iustel Conseiller & Secretaire du Roy Maison & Couronne de France en son Histoire Genealogique de la maison de Turenne, aux preuues d'icelles liure second, fol. 106. selon la traduction qui en a esté faite du latin en nostre langue.

L'an 1355. indiction 8. le vendredy 7. Aoust par ce present instrument public soit notoire à tous presens & à venir qu'ayant esté longuement traité par les amis communs des parties sous écrites, que mariage fust contracté entre noble Seigneur Renauld de Pons fils de tres-puissant Seigneur Renauld de Pons Cheualier, Seigneur de Pons, de Riberac, & Vicomte de Carlat d'vne part, & noble Damoiselle Eleonor fille d'Illustre Seigneur Guillaume de Beaufort Vicomte de Turenne d'autre. De là vient qu'en presence de moy Notaire public, & des témoins souscrits, & en presence de Reuerends Peres en Christ & Seigneurs Hugues Cardinal de S. Laurens en Damas, Prestre, & de Nicolas de Sainte Marie en Viallata. Et de Sainte Marie la nouuelle Diacres Cardinaux, pour la part dudit Seigneur Vicomte de Turenne. Et dudit Seigneur Renauld pour son regard les susdits Seigneurs Cardinaux ont promis au susdit Seigneur Renauld, qu'ils feroient & soigneroient auec effect que ladite Eleonor à mesme temps qu'elle sera paruenuë en âge pour cela qu'elle contractera fiançailles, & en apres estant venuë en âge nubille, ou bien auparauant (ayant obtenu dispense sur cela) elle contractera Mariage par parole de present, &c.

Tellement que l'an 1364. ledit Renauld VII. fut marié auec Marguerite de Perigort fille d'Eleonor de Perigort, & de Gaillard de Durfort Sieur de Duras, ladite Eleonor sœur de Archambault IV. Comte Perigord, & par luy substituée audit Comté, comme le rapporte le R. P. P. Iean Dupuy Recollet en son liure de l'estat de l'Eglise de Perigord depuis le Christianisme au fol. 117. & 118. en ces mots. Charles V. reconnoissant la fidelité du Comte de Perigord, en foy & parole de Roy luy promit par ses Patentes que luy ny ses successeurs à la Couronne de France, ne mettroient iamais hors leurs Souuerainetés les terres feodales de son Comté,

desquelles

defquelles il luy auoit rendu hommage : Mais ô Iugement de Dieu, ce fidel Vaffal deuiendra rebelle à fon Souuerain peu de temps apres, mefme fa fœur Eleonor fut mariée à Gaillard de Durfort Sieur de Duras, laquelle mourant laiffa fa fille Marguerite de Perigort Comteffe Doné en Poitou, qui luy eftoit fubftituée pour le Comté de Perigort, laquelle dés l'an 1364. fut mariée à Renauld de Pons, à condition qu'il tiendroit le party de l'Anglois, à quoy pourtant il ne s'arrefta lors que Charles V. enuoya Duguefclin fon Conneftable dans la Guyenne : Pour lors le Comte Sire de Pons fe met de fon party, & fe trouue auec honneur pour la France dans nos Hiftoires, à raifon dequoy Edoüard donna & confifqua à fa femme Marguerite de Perigort, les biens de fon mary par lettres que i'ay veu expediées à Xaintes, le 7. May 1371. dans lefquelles Edoüard fe nomme fils aifné du Roy de France, & d'Angleterre, Prince d'Acquitaine, & de Galles. Iufques icy eft le dire dudit Frere Iean Dupuy.

Le Sieur d'Argentré en fon Hiftoire de Bretagne liure 8. fol. 546. & 547 raporte que ledit Seigneur de Pons eftoit à la prife de Poitiers en 1370. & y affiftoit ledit Conneftable Duguefclin, qui s'y rafraifchiffant, enuoya dudit Poictiers le Sire de Pons, & Meffire Thibault du Pont Seigneur Breton, affieger le Chafteau de Soubife qui eftoit vne bonne place affize fur la mer, fur la boûche de Charente. Dedans eftoit la Dame du Chafteau, laquelle fe voyant fans forces pour le deffendre manda foudain le Captal de Buch, qui eftoit à S. Iean d'Angely, lequel en toute diligence fit affembler ce qu'il peut de Capitaines & Soldats, pour aller leuer le Siege, & de fait fe mit en chemin pour fe rendre deuant ledit Chafteau. Il y auoit lors deuant la Rochelle vn nommé Yuain de Gales natif d'Angleterre, Mais ennemy de fon Roy, pour auoir efté fpolié par luy de fon patrimoine, & fon pere executé, luy voulant mal de mort, & tenoit des hommes en Guerre, & faifoit pour le Roy de France, ayant affiegé le port de la Rochelle, fe tenant du cofté de la mer, cettuy eftant aduerty que le Captal eftoit party pour aller à Soubife, fe douta fort qu'il pourroit furprendre les Bretons qui eftoient allez pour prendre la place. Et pource laiffant vne bonne part de fes forces à la garde de fes vaiffeaux, il prit quatre cens lances des plus vaillans hommes de fes troupes, & les mit en quelques legeres Barques, & fit voile deuers Soubife, fe logeant de l'autre cofté du Chafteau à l'oppofite dudit Sieur de Pons, lefquels ne fçauoient rien de cette entreprife dudit de Gales, auffi peu en fçauoit le Captal, lequel ne fçachant eftre découuert ne mena pas tant de gens qu'il euft efté bien befoin, & prit feulement deux cens hommes & toute nuict fe vint loger aux Champs affez pres du Siege des François, dont partant foudainement, & ayant déployé les enfeignes, il vint charger à l'impourueu le Sire de Pons, & Thibault du Pont. Là fe fit beaucoup de meurtre : Car les François ne fe doutoient nullement de l'ennemy ayant efté pris prifonniers ces deux Seigneurs, & bien foixante des meilleurs hommes qu'ils euffent à leurs Compagnies, & les autres mis en route. En cette mefme heure arriua au combat Yuain de Gales, lequel à toute hafte auoit paffé la Riuiere de Charante auec fes Barques, ayant forces torches & falots pour l'efclairer, pour le temps qui estoit fort obscur & nubileux, & sur le point que le Captal pensoit auoir executé son entreprise, & que plus nul ne se tenoit sur pieds pour faire teste, & qu'ils couroient au butin du bagage, & les autres gardoient leurs prisonniers, voy-le cy tout frais auec ses quatre cens lances bien en ordre & armez donner au trauers des troupes du Captal, en telle sorte qu'en peu d'heure, ceux qui auoient defaits leurs premiers ennemis, se sentirent deffaits & renuersez par les seconds, & fut le Captal pris prisonnier par vn Escuyer Vermandois ; C'estoit bien celuy que le Roy, & tous les François desiroient le plus tenir en leurs mains pour les dommages qu'il leur faisoit ordinairement, estant fort vaillant homme de sa personne, ayant frequenté les armes dés sa ieunesse, & tins le party de son Roy qu'il abandonna. Plusieurs autres furent pris prisonniers des Chefs, autres se sauuerent dedans le Chasteau qui leur fut ouuert. Les Sires de Pons, & Thibault du Pont furent recoux, & retirez des mains des ennemis. Et le lendemain commencerent de tous costez à batre le Chasteau, tant ledit de Gales, que lesdits de Pons, & du Pont, mais ceux de la Ville se deffendirent vaillamment, toutesfois la Dame se trouua si étonnée n'esperant secours de nulle part, qu'elle fut contrainte de venir à traité, par lequel elle se soumettoit au Roy, & promettoit qu'elle luy rendroit l'obeyssance & feroit serment de fidelité, & se pourroient retirer en seureté ceux qui y estoient, en quelque place des leurs qu'ils voudroient. Ainsi fut cette Ville & Chasteau pris, & ce fait, se retira Yuain de Gales, menant le Captal son prisonnier. Lesdits de Pons & du Pont de l'autre part marcherent deuers S. Iean d'Angely, auquel lieu ils furent auisez par le Connestable, qu'ils trouueroient grand nombre d'hommes d'Armes, comme le Vicomte de Rohan, le Sire de Clisson, le Sire de Tournemine, le Sire de Beaumanoir, le Sire de Rochefort, Messire Geoffroy Ricon, Yues de Lescouet, Alain de S. Paul, tous Capitaines Bretons, lesquels estoient enuoyez pour assieger la Ville, & estans venus se delibrerent de donner assaut, mais les habitans prirent la peur, & se rendirent aux Barons, lesquels de là marcherent à Angoulesme, laquelle Ville pareillement se rendit, comme aussi la Ville & Chasteau de Taillebourg. De là s'adresserent à Xaintes, où le Capitaine voulut tenir, mais l'Euesque qui estoit François les induisit tellement qu'ils se rendirent, & forcerent leur Capitaine de s'accorder au peril de sa vie, laquelle toutesfois luy demeura sauue par le traicté.

Iusques icy sont les mots dudit Sieur d'Argentré, ledit Seigneur de Pons fut pris prisonnier par les Anglois en vne occasion entre Ardres & Ligues en la frontiere de Picardie, comme le rapporte Froissard en son Histoire, premier volume, chap. 320. fueillet 412. en ces mots. Là fut faite mainte appertice d'armes : mais à la fin furent les François enclos & ruez ius. Le ieune Comte de S. Paul y fut pris d'vn Escuyer de la Duché de Gueldres. Là furent pris les Seigneurs de Pons & de Clary, Messire Guillaume de Nielle, Charles de Chastillon, & plusieurs autres Cheualliers & Escuyers; & adonques les Anglois & Hennuyers emmenerent leurs prisonniers en la ville d'Ardres. Cecy arriua à la fin de 1374. & fut ledit Sire de Pons deux ans prisonnier, ledit Froissard parle encore dudit Sire de Pons au tiers volume de son Histoire, au commencement du chap. 117. fol. 288. ayant parlé au precedent chapitre de la descente & courses du Comte Richard d'Arondel Anglois, & ses troupes à Marans & enuiron. Si les Anglois eussent eu cheuaux, dit il, pour courir à leur aise sur les Rochelois, ils eussent bien grandement fait leur profit : car le pays estoit dégarny de Gendarmes, voire pour eux aller au deuant: bien est verité que le Sire de Partenay, le Sire de Pons, le Sire de Linieres, le Sire de Thonnébouton, Messire Geoffroy d'Argenton, le Sire de Montendre, Messire Aymery de Rochechoüard, le Vicomte de Thoüars, & plusieurs Cheualliers & Escuyers de Poitou & Xaintonge estoient au pays : mais c'estoit chacun en son pays & en son fort. Car le pays n'estoit pas aduisé de la venuë des Anglois.

Du Mariage desdits Renaut de Pons & de Marguerite de Perigort sont issus trois fils & deux filles, sçauoir,

Ledit Renaut VIII. cy-dessus mentionné.

Renaut le puisné ayant accompagné Iean de Bourgogne Comte de Neuers a u voyage de Leuant, finit honnorablement ses iours auec beaucoup d'autres Seigneurs François pour la deffense de la Chrestienté en la Bataille de Nicopolis contre Baiazet Othoman, comme se voit aux preuues de Cheualerie du S. Esprit d'Antoine Sire de Pons.

Helie fut L. Euesque d'Angoulesme & II. du nom, comme se voit au Cathologue des Archeuesques & Euesques de France par Iean Chenu.

Assalide fut mariée au Vicomte d'Orthe.

Thomasse à Pons Seigneur de Castillon en Medoc.

Ledit Renaut VII. Sire de Pons estoit fils de Renaut VI. Sire de Pons, & de Ieanne d'Albret, fille d'Amanieu VII. Sire d'Albret & de Rose de Bourg.

∞∞∞∞∞∞∞∞∞∞∞∞∞∞∞∞∞ ∞∞∞∞∞∞∞∞∞∞∞∞∞∞∞∞∞

Renaut VI. du nom, Sire de Pons, Comte de Bergerath, Blaye, Monfort, Marennes, Vicomte de Turenne, Riberac, Carlat, Carlus, Montignac, Gensac, Seigneur des Isles d'Olleron, Aruert, Chesous, Hiers, Mornac, & autres places.

FVt l'an 1332. accordé auec Marguerite de Comminge fille de Bernard VI. Comte de Comminge & Vicomte de Turenne, & de Mathe de l'Isle, mais il n'est pas certain si ce Mariage s'accomplit, quoy qu'il en soit elle mourut sans lignée, comme se iustifie en l'Histoire de la maison de Turenne faite par ledit Sieur Iustel liure 1. fol. 52. & aux preuues fol. 80. Et fut ledit Renaud marié auec ladite Ieanne d'Albret, & mourut à la Bataille de Poitiers, comme le témoigne Duhaillan en son Histoire sous le Roy Iean fol. 807. en ces mots: Les tuez furent Pierre II. Duc de Bourbon, Comte de Clermont & de la Marche, le Duc d'Athenes Connestable de France, Iean de Clermont Mareschal, Geoffroy de Charny qui portoit l'Oriflamme, Renaud Chameau Euesque de Chaalons, le Seigneur de Pons, & plusieurs nobles Escuyers, Cheualliers & autres.

S ij

Eux qui verront cét Imprimé, & qui en ont veu d'autres traitant de mesme matiere, trouueront peuteſtre étrange, pourquoy d'abord on n'a pas fait toute la Genealogie entiere ; A quoy ie réponds qu'il eſtoit tres-difficile qu'on peut promptement recouurer les pieces dont ladite Genealogie eſt compoſée ; Et qu'à vne œuure de telle nature, ſi grande & ſi belle, on ne ſçauroit tout d'vn coup raſſembler des pieces ſi éparſes & en tant & ſi differents endroits ; Que ſi ie me ſuis haſté au gré de quelques vns, i'eſtois preſſé pour des conſiderations que ie ne puis à preſent dire, & que le temps fera voir, ioint auſſi que ie ne veux rien alleguer de faux, ny ſeulement douteux.

I'Eſtime que voyla deſormais Monſieur de la Caze exempt de payer la Taille, & croy que pluſieurs Barons, Vicomtes, & Comtes, & meſmes quelques Marquis, & Lieutenans de Roy, Cheualiers de l'Ordre & autres, poſſedans de belles Charges auroient peine de faire de plus belles preuues. Ce n'eſt pourtant qu'en attendant plus & mieux : Ie n'ay rien dit qui ne ſe iuſtifie dans l'alegation des Auteurs. Et pource qui eſt des choſes domeſtiques, Monſieur de la Caze en a les pieces Iuſtificatiues, & tiendra à grand contentement qu'on s'en veüille éclaircir, & ſi en tout cecy il n'y a ny de Notaires, Apotiquaires, Greffiers, Pouruoyeurs de viures, Procureurs ny alliances de cette nature, ny rien qui ſante le Roman, ny nul article apocriphe dont pluſieurs Genealogies de ce temps ſont barboüillées.

A tant de glorieux auantages d'vne ſi haute Naiſſance, ſi belles Alliances, tant de grandes Terres de ſi ſignallez Seruices, & conſiedrables Employs dudit Seigneur de la Caze auant l'âge de vingt huit ans, & ceux de ſes Predeceſſeurs. Il n'a cependant nuls Offices, dignitez, appointements, ny employ que celuy d'embelir ſa maiſon ? S'il y a Iuſtice oüy, ou non, ie m'en rapporte : Mais Dieu qui fait toutes choſes pour le mieux eſt loüé de luy & de ſes amis, de tout ce qu'il luy plaiſt en ordonner, *ſimilis* des Empereurs Payens & Chreſtiens qui ſe ſont retirez du grand monde, pour mener meſme vie: Ie ſouhaite qu'il veüille tirer de là des conſolations, pour guerir ce que ſa generoſité & Naiſſance luy peuuent cauſer de chagrin.